"现代物业服务体系实操系列"
编委会

主　任　杨顺清

副主任　徐　昕　张海雷

委　员　杨顺清　戴腾全　王德裕　李文秀　赵　璟
　　　　　黄晓燕　徐　昕　吴学超　于少恩　唐军华
　　　　　刘伟东　易亚楠　张海雷　白石琦　周胜连
　　　　　唐　静　陈　燕　汪生全　喻轶伟　夏昌俊
　　　　　邵小云　匡仲潇　滕宝红

鸣谢以下机构：
　　　　深圳市天福消防工程有限公司
　　　　深圳市福业电梯有限公司
　　　　深圳市天源环境技术有限公司
　　　　深圳市科海置业有限公司
　　　　深圳市科海楼宇智能化科技有限公司
　　　　安徽福业保安服务有限公司

现代物业服务体系实操系列

物业网络管理与安防设施指南

福田物业项目组　组织编写

化学工业出版社

·北京·

本书是基于运用互联网技术及借助互联网发展起来的智慧社区、设备远程监控、智慧停车系统等技术，考虑物业管理与互联网融合的问题来编写的，本书共分两个部分，即物业网络管理、物业安防设施管理。物业网络管理部分首先介绍了"互联网+"下的物业管理变革，然后一一介绍了物业企业网站、物业社区O2O平台、物业微信公众平台、物业APP手机平台的建设；物业安防设施管理部分首先引导读者对安防系统加以认识，然后一一介绍入侵报警系统、出入口控制系统、楼宇对讲系统、视频监控系统、电子巡更系统、停车场管理系统的原理、功能及各项安全防范系统维保管理要求。

　　本书可作为物业公司基层培训的教材，物业公司也可运用本书内容，并结合所管辖物业的实际情况，制定有本公司特色的物业服务工作标准。

图书在版编目（CIP）数据

物业网络管理与安防设施指南/福田物业项目组组织编写. —北京：化学工业出版社，2018.7（2022.3重印）
（现代物业服务体系实操系列）
ISBN 978-7-122-32268-5

Ⅰ.①物⋯ Ⅱ.①福⋯ Ⅲ.①物业管理-管理信息系统-指南②物业管理-安全管理-指南 Ⅳ.①F293.347-62

中国版本图书馆CIP数据核字（2018）第110817号

责任编辑：辛　田　　　　　　　　　文字编辑：冯国庆
责任校对：王素芹　　　　　　　　　装帧设计：尹琳琳

出版发行：化学工业出版社（北京市东城区青年湖南街13号　邮政编码100011）
印　　装：天津盛通数码科技有限公司
787mm×1092mm　1/16　印张10½　字数234千字　2022年3月北京第1版第4次印刷

购书咨询：010-64518888　　　　　　　　售后服务：010-64518899
网　　址：http://www.cip.com.cn
凡购买本书，如有缺损质量问题，本社销售中心负责调换。

定　　价：48.00元　　　　　　　　　　　　　　　　　　版权所有　违者必究

前言 Foreword

国家统计局公布的数据显示，全国物业管理10多万家企业中，97.3%均为中小企业，它们服务的物业市场规模达到50%，服务全国60%以上的业主。

当前，物业企业的外部环境也正在发生重要变化，这些变化包括劳动力供给持续短缺、经营成本持续普涨、劳动法令法规日趋完善、物业服务业务边界不断扩充、客户对服务精细化和专业化的要求不断提高、服务外包规模逐步扩大、城镇化带来史无前例的市场拓展空间等。

中小物业企业因为这些变化，面临较大的发展困难。业主因物业服务不满而导致的社区重大矛盾纠纷，60%以上发生在中小物业公司身上。

占行业总数95%以上的中小物业公司，在互联网创业这个"大风口"下，面临着前所未有的困惑。不少物业企业由于人力成本逐年提高而物管收费维持多年不变，因而导致大幅亏损。有的中小物业企业刚刚做出一点品牌，就被兼并收购；有的中小物业企业选择转型创业，但却面临大型物业企业的竞争，频频丢失项目。

为了推动我国物业服务与管理的发展，住房和城乡建设部印发了《住房城乡建设事业"十三五"规划纲要》，纲要涉及物业管理方面的内容，其中重要的一点是要促进物业服务业发展。以推行新型城镇化战略为契机，进一步扩大物业管理覆盖面，提高物业服务水平，促进物业管理区域协调和城乡统筹发展。健全物业服务市场机制，完善价格机制，改进税收政策，优化物业服务标准，强化诚信体系建设。建立物业服务保障机制，加强业主大会制度建设，建立矛盾纠纷多元调处机制，构建居住小区综合治理体系。完善住宅专项维修资金制度，简化使用流程，提高使用效率，提升增值收益。转变物业服务发展方式，创新商业模式，提升物业服务智能化、网络化水平，构建兼具生活性与生产性双重特征的现代物业服务体系。

物业企业结合纲要精神，创新性地促进物业发展。首先，实施社区共享经济。其次，实施"互联网+"服务。作为转型中的物业服务企业，当然要考虑如何运用互联网技术以及与互联网融合的问题。借助互联网发展起来的智慧社区、设备远程监控、智慧停车系统等，它们影响的不仅仅是业务工作的效率提高，而且直接改变了人们对产品和服务的体验方式，改变了与用户的服务和联络方式，颠覆了现有的管理方式和商业模式。

做好基础物业服务，就要提高业主的满意度，就必须通过科技手段提升专业化水平，实现物业服务效率的最大化，并通过资源整合提供更个性化、多样化的社区服务——这应该成为企业转型升级的根本所在。

基于此，我们开发了"现代物业服务体系实操系列"图书，包括《物业服务沟通与投诉解决指南》《物业保洁服务与绿化养护指南》《物业服务流程与工作标准指南》《物业岗位设置与管理制度全案》《物业网络管理与安防设施指南》《物业治安·消防·车辆安全与应急防范》六册。全书主要从实操的角度，对于物业管理与服务工作中应知应会的内容进行系统的归纳和整理，同时，书中提供了大量的案例和范本供读者参考使用。

本书由福田物业项目组组织编写，在编写过程中，获得了一线物业管理人员、物业管理行业协会的帮助和支持，全书由滕宝红审核完成。在此对大家付出的努力表示感谢！

由于笔者水平有限，书中不足之处在所难免，希望广大读者批评指正。

编者

目录 Contents

物业网络管理 /001

第一章 "互联网+"下的物业管理 002

一、互联网的基本特征 002
二、"互联网+"的概念及特征 003
三、互联网给物业管理带来的变化 004
四、互联网在物业管理公司中的作用 007
五、物业创新商业模式 007

第二章 物业公司网站建设 011

一、网站建设的意义 011
二、网站设计原则 011
三、网站主要栏目及管理功能 011
四、如何建一个物业公司网站 016
　　相关链接　如何选择适合自己网站的域名 016

第三章 物业社区O2O平台 018

一、O2O与社区O2O 018
二、物业公司开展社区O2O的优势 018
　　相关链接　用社区O2O将物业服务做成"盈利行业" 020
三、物业公司开展社区O2O的劣势 022

四、物业公司开展社区O2O的相关项目 023

　　五、做社区O2O的主要切入点 023

　　六、社区O2O的主要服务模式 024

　　七、社区O2O的宣传推广 025

　　八、物业公司如何践行社区O2O 025

　　　　相关链接　万科社区物业O2O睿服务平台 027

　　　　相关链接　十大社区O2O项目解读 033

第四章　建立物业微信公众平台 048

　　一、微信与微信公众平台介绍 049

　　二、微信公众平台的优势 049

　　三、物业微信公众平台的功能 052

　　四、物业管理的应对措施 058

　　五、如何注册微信公众号 059

　　六、建立物业微信公众平台的方法 063

　　七、物业微信公众号的推广 064

第五章　物业APP手机平台 067

　　一、建立物业APP平台的益处 067

　　　　相关链接　万科推"住这儿"APP，盘活业主O2O价值 071

　　二、物业APP功能模块 072

02 物业安防设施管理 /077

第一章　安防系统的认识 078

　　一、安全防范的三种基本手段 078

　　二、安全防范系统的功能 078

　　三、安全防范系统的构成 081

　　四、住宅小区安全技术防范系统要求 082

第二章　入侵报警系统 091

　　一、入侵报警系统的基本组成 091

　　二、入侵报警系统的主要设备 091

　　三、组建模式 092

　　四、入侵报警系统的基本结构 095

　　五、系统基本功能 096

第三章　出入口控制系统 098

　　一、出入口控制系统功能 098

　　二、出入口控制方式 099

　　三、出入口控制系统的组成 099

　　四、出入口控制系统各部分的主要功能 104

　　五、出入口控制系统的分类 105

第四章　楼宇对讲系统 108

　　一、楼宇对讲系统的作用 108

　　二、楼宇对讲系统的工作过程 108

　　三、楼宇对讲系统的特点 109

　　四、楼宇对讲系统的组成 109

　　五、楼宇对讲系统的分类 113

第五章　视频监控系统 115

　　一、电视监控系统分类 115

　　二、电视监控系统的组成 116

　　三、系统主要设备 117

第六章　电子巡更系统 122

　　一、电子巡更概述 122

　　二、电子巡更的分类 123

　　　　相关链接　互联网式电子巡更系统 126

　　三、电子巡更系统的组成 127

第七章　停车场管理系统 129

　　一、停车场管理系统的功能 129

　　二、停车场管理系统的特点 130

三、系统的构成及工作流程 131
　　四、停车场管理系统的构成 134
　　五、出入口停车场管理系统的管理模式 137

第八章　安全防范系统维保管理 140
　　一、建立安全防范系统设备设施台账 140
　　二、签订维护保养和维修合同 140
　　　　【范本】安全保卫监控系统技术服务合同 141
　　三、维护保养的基础工作 143
　　四、维护保养的内容与方法要求 144
　　五、安防系统维护保养技术要求 145
　　六、维护保养内容要求及相关记录表 146
　　　　相关链接　视频监控系统常见故障排除 151
　　　　相关链接　停车场管理系统常见的问题及处理方法 152
　　　　相关链接　巡更巡检系统常见故障排除方法 154
　　　　相关链接　楼宇对讲系统的故障排查 156

现代物业服务体系
实操系列

物业网络管理与安防设施指南

物业网络管理

01

第一章 "互联网+"下的物业管理

在互联网环境下,物业公司应以提供高质便捷的物业服务为中心,牢固树立互联网思维,通过互联信息平台的打造以及软硬件的持续升级,进行业内资源挖掘及社会资源整合,完成从劳动密集型向智力密集型的华丽转型,实现商业模式的创新,在遵循整个产业链资源互补、风险共担、利益共享、共同发展的原则下,达到业主、物业公司和商家的多方共赢,从而有效推动整个物业管理行业健康、可持续发展。

一、互联网的基本特征

互联网的英文为Internet,互联网从一开始就具有自由、开放和免费等的特性。被称为21世纪的商业"聚宝盆"。互联网具有下图所示的基本特征。

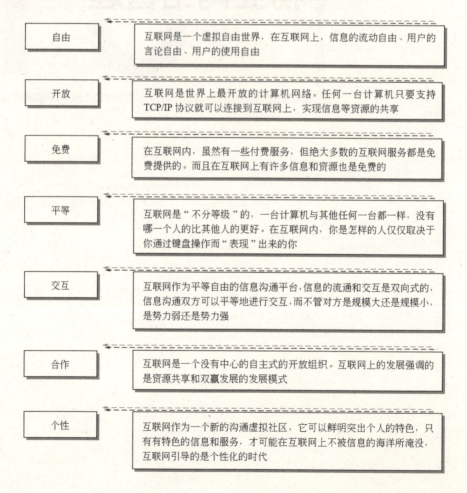

自由	互联网是一个虚拟自由世界,在互联网上,信息的流动自由、用户的言论自由、用户的使用自由
开放	互联网是世界上最开放的计算机网络。任何一台计算机只要支持TCP/IP协议就可以连接到互联网上,实现信息等资源的共享
免费	在互联网内,虽然有一些付费服务,但绝大多数的互联网服务都是免费提供的。而且在互联网上有许多信息和资源也是免费的
平等	互联网是"不分等级"的,一台计算机与其他任何一台都一样,没有哪一个人的比其他人的更好。在互联网内,你是怎样的人仅仅取决于你通过键盘操作而"表现"出来的你
交互	互联网作为平等自由的信息沟通平台,信息的流通和交互是双向式的,信息沟通双方可以平等地进行交互,而不管对方是规模大还是规模小,是势力弱还是势力强
合作	互联网是一个没有中心的自主式的开放组织。互联网上的发展强调的是资源共享和双赢发展的发展模式
个性	互联网作为一个新的沟通虚拟社区,它可以鲜明突出个人的特色,只有有特色的信息和服务,才可能在互联网上不被信息的海洋所淹没,互联网引导的是个性化的时代

| 虚拟 | 互联网的一个重要特点是它通过对信息的数字化处理，通过信息的流通来代替传统实物流通，使得互联网通过虚拟技术具有许多传统现实中才具有的功能 |

| 持续 | 互联网像一个飞速旋转的涡轮，它的持续发展给用户带来价值，推动着用户寻求进一步发展带来更多价值 |

| 全球 | 互联网从一开始商业化运作，就表现出无国界性，信息流通是自由的，无限制的。因此，互联网从一诞生就是全球性的产物，当然全球化同时并不排除本地化 |

互联网的基本特征

二、"互联网+"的概念及特征

"互联网+"是创新2.0下的互联网发展的新业态，是知识社会创新2.0推动下的互联网形态演进及其催生的经济社会发展新形态。"互联网+"是互联网思维的进一步实践成果，推动经济形态不断地发生演变，从而带动社会经济实体的生命力，为改革、创新、发展提供广阔的网络平台。

通俗地说，"互联网+"就是"互联网+各个传统行业"，但这并不是简单的两者相加，而是利用信息通信技术以及互联网平台，让互联网与传统行业进行深度融合，创造新的发展生态。它代表一种新的社会形态，即充分发挥互联网在社会资源配置中的优化和集成作用，将互联网的创新成果深度融合于经济、社会各域之中，提升全社会的创新力和生产力，形成更广泛的以互联网为基础设施和实现工具的经济发展新形态。

"互联网+"有六大特征，如下图所示。

| 特征一 | 跨界融合 |
| "+"就是跨界，就是变革，就是开放，就是重塑融合。敢于跨界了，创新的基础就更坚实；融合协同了，群体智能才会实现，从研发到产业化的路径才会更垂直。融合本身也指代身份的融合，客户消费转化为投资，伙伴参与创新等，不一而足 |

| 特征二 | 创新驱动 |
| 粗放的资源驱动型增长方式早就难以为继，必须转变到创新驱动发展这条正确的道路上来。这正是互联网的特质，用所谓的互联网思维来求变、自我革命，也更能发挥创新的力量 |

| 特征三 | 重塑结构 |
| 信息革命、全球化、互联网业已打破了原有的社会结构、经济结构、地缘结构、文化结构。"互联网+"之下的社会治理与传统社会治理会有很大的不同 |

特征四 尊重人性

互联网力量的强大最根本地来源于对人性的最大限度的尊重。例如原创内容（UGC）、卷入式营销及分享经济

特征五 开放生态

关于"互联网+"，生态是非常重要的特征，而生态的本身就是开放的。我们推进"互联网+"，其中一个重要的方向就是要把过去制约创新的环节化解掉，把孤岛式创新连接起来，让努力的创业者有机会实现价值

特征六 连接一切

连接是有层次的，可连接性是有差异的，连接的价值是相差很大的，但是连接一切是"互联网+"的目标

"互联网+"的六大特征

三、互联网给物业管理带来的变化

互联网给物业带来的变化如下图所示。

从传统物业到社区生活运营服务

传统物业管理	智慧社区	社区O2O
	1.公共服务智能化	
▶ 保安、保洁、园艺	▶ 物业报修、物业缴费、代收费	▶ O2O服务：一千米商圈内的点餐、购物，商户信息推送
▶ 设备安装、维修、保养	▶ 小区停车场、公共消费场所	▶ 虚拟服务：生活、出行、汽车、金融理财
▶ 处理投诉及报修	▶ 安防、巡更、监控、工程监管	
▶ 物业缴费	▶ 社区无线网络等公共设施的建设与管理	▶ 连锁经营：平台、商家、业主共赢的经营模式，桶装水、干洗、营养早餐
▶ 水、电、煤气费代收代缴	▶ 社区医疗、急救辅助服务	
▶ 为开发商提供预售服务（保安、样板间清洁、保养）	▶ 社区金融、社区购物、体验中心	
	▶ 快递代收、配送	
	2.住户家庭智能化	3."社区生态"系统
	▶ 手机APP：人-社区的连接	▶ 社区内社交、社区C2C
	▶ 智能管家：可视对讲，报警	▶ 超过3%的社会人口的生存
	▶ 小区一卡通：门禁、停车、消费	▶ 能源管理、排放管理
	▶ 儿童、老年人定位服务	▶ 公共资产增值运营

互联网给物业带来的变化

物业管理的外延将扩大到生活的各个方面，如下图所示。

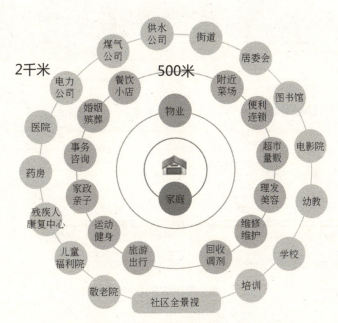

环境中的每一个对象，就是智慧社区的一组业务或应用

物业管理的外延将扩大到生活的各个方面

信息技术将彻底改变物业管理的方式。

物业管理的方式也彻底改变（一）

物业管理的方式也彻底改变（二）

四、互联网在物业管理公司中的作用

互联网赋予了物业新的内涵与价值，诸多物业公司重新定义和审视物业的价值，深挖社区中潜在的巨大消费需求，加强创新和合作，建立企业办公系统、引入移动APP、构建社区电子商务平台，经营范围不断向多元化产业链延伸，互联网在物业经营中的作用越发凸显。

（一）提升管理水平，炼健康之身

企业自动化办公系统、移动办公平台、远程控制系统等互联网技术有效提高了物业公司的运行效率，降低了运行成本。"彩生活"总部依托云管理平台，对分布在全国数十个城市的住宅小区从物业的各个方面实施远程监控和管理。互联网技术为物业公司的信息化、标准化、规模化提供了有力支撑，对于企业精细化管理、练好内功大有裨益，有力地提升了企业的管理水平。

（二）强化基础服务，立物业之本

物业管理的四项基础业务为清洁、绿化、秩序维护和设施设备维修，这是物业公司赖以生存的关键，是开展多种经营的基础，是物业之本。通过互联技术构建的智慧社区，给物业基础服务带来了崭新变革。

碧桂园首个智慧社区试点项目"滨海城"紧紧围绕强化基础服务这个中心，搭建了物业服务平台、智能安防平台、管家服务平台、便民服务平台等八大运营平台。通过深入到每个家庭的智慧社区云终端，用户可调取小区安防视频、在线报修和投诉，从而建立了高效的信息和监管体系，业主对其基础服务的满意度较传统项目大幅提升。

（三）搭电子商务平台，走增收之路

面对生存和竞争的压力，物业公司等纷纷试水社区电子商务。

金地物业整合和管理各方面优质资源，构成服务资源池，用户通过加入金地"家天下"客户俱乐部，享受居家、教育、健康、消费、商旅和公益六大类别云服务。金地物业在为业主提供便利和丰富的社区生活的同时，也实现了企业多种经营的升级换代，破解了传统物业盈利能力弱的难题。

（四）建电子政务渠道，架和谐之桥

借助于互联网技术，可以很方便地实现电子政务功能。狄耐克云政务是一个典型的应用案例，业主通过云政务平台访问政府网站、浏览信息、反馈意见及处理相关事务，政府相关政务信息也可及时发布到平台及通过基站发送到用户手机中。电子政务在政府和人民之间架起了便捷、高效的信息沟通桥梁，为营造智慧、和谐社区起到了重要作用。

五、物业创新商业模式

（一）从盈利模式的角度看物业商业模式

从盈利模式的角度，物业公司的商业模式可概括如下图所示。

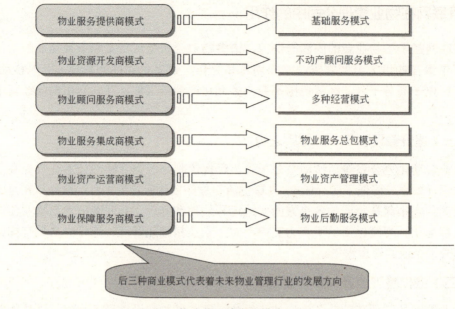

物业公司的商业模式

(二)互联网下的物业商业模式

如今互联网技术已经融入到物业公司日常经营的各个环节,对于提升管理水平、拓展盈利渠道发挥着不可或缺的作用,在上面六种模式中均有不同程度的体现。从互联网技术应用的角度,现阶段物业公司创新商业模式主要有两种:商业机构对家庭消费(business to family,B2F)和线上对线下(online to offline,O2O)。

1.B2F模式

B2F模式指物业公司跨界转型为商业机构平台,面对社区家庭直接提供增值服务。物业公司通过互联平台整合自身及社会资源(家政服务、文化旅游、养老养生、金融资产等),将社区居民转化为潜在消费者,满足其多层次、多方位的需求,实现多方共赢的转型模式,企业的经营思路由对物的管理,转变为对人的服务。

"彩生活"采用的就是B2F模式。借助APP等网络技术,"彩生活"为其管理的数百个小区打造出一个生活服务的云平台。基于此种商业模式,"彩生活"获得了远比传统物业公司高的利润和增幅,2011年、2012年的净利润率分别是16%和22.8%,2013年更是高达29.3%(除去上市费用因素),大大超过了物业公司前100名的平均水平。2014年6月,"彩生活"在香港证券交易所主板挂牌上市,成为我国物业管理企业第一家上市公司。根据"彩生活"2014年中期报告:"彩生活"上半年收入1.634亿元,同比增长49%;净利润6530万元,同比增长188.5%;直接得益于商业模式转型的业务为社区租赁、销售及其他服务,收入3270万元,同比增长79.7%。"彩生活"由传统物业管理商,创新定位为社区服务电商运营商,是物业管理差异化和物业公司跨界经营战略的典型体现。

2.O2O模式

O2O模式代表了当前物业公司转型的另一种主要趋势,即传统物业通过互联网技术等智能科技手段的应用,搭建线上线下平台,转型为智慧型物业。借助于社区服务电商平台,社区业主在线上完成商品和服务的选购及支付,线下进行提货与体验。

2014年3月,龙湖物业微信服务平台"龙湖生活"正式上线,与之配套的是龙湖社区服务中心,可以为业主提供体验和增值服务。物业公司采用O2O模式解决了社区商业"最后一千米"的问题,实现了线上商业和线下服务的互补,把消费品送到居民家门口,满足了用户个性化的消费需求,也降低了用户在传统商业消费过程中所产生的交通和时间等成本。

(三)物业公司创新商业模式的注意事项

在互联网大环境下,物业公司创新商业模式,必须注意以下几点。

1. 以物业服务为中心

物业管理的三大职能是服务、管理和经营,以服务为首。

对于物业公司而言,物业服务是一切工作的中心,是立身之本,是满足业主需求的核心资源,是做大做强的基础,没有优质的物业服务,一切都是空中楼阁。对于那些依托房地产开发企业的物业公司,如万科物业、碧桂园物业等,更是在服务上大做文章,将其作为提升产品附加值的重要方法,不但为多元化增值经营打下良好基础,而且也促进了集团房产的销售和增值。

2. 树立互联网思维

所谓互联网思维,是指在互联网、大数据、云计算等科技不断发展的背景下,对市场、用户、产品、企业价值链乃至整个商业生态进行重新审视的思考方式。互联网带给物业公司的不仅仅是技术,更是一种全新的理念。在互联网环境下,物业公司尤其要注重树立互联网思维,包括下图所示几个方面。

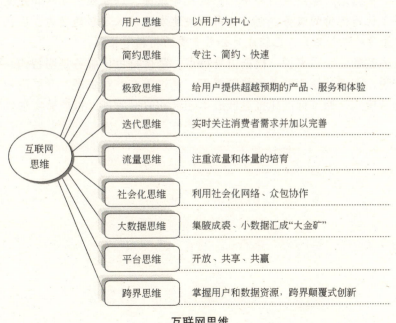

互联网思维

3. 加强资源整合和商业合作

苹果公司抓住了网络社会最大的权力拥有者———消费者，借助网络联结创造共享价值，这很值得物业公司借鉴。物业公司作为距离社区消费群体最近的实体，具有做社区服务O2O天然的优势，但缺乏互联网基础，更缺乏社区服务产业链上的其他资源，因此需要采取资源整合、共同发展的方式与市场上的软件开发企业、商家和物流企业开展商业合作，创造多方共赢局面。

2014年，深圳市软酷网络科技有限公司携手万科温馨花园共同为考拉社区课堂揭幕，正式为社区居民提供便民服务；搜房网重点在社区金融服务和房屋租赁买卖服务方面积极与物业公司合作；顺丰和京东则通过社区便利店O2O的商业模式，给社区业主提供更便捷的服务和体验。

4. 选择适合自身的盈利模式

物业公司的自身情况千差万别，发展模式也多种多样，具体到某个物业公司，究竟应该选择什么样的模式呢？笔者认为，没有最理想的，只有最适合的发展模式。企业要用发展的眼光来看待商业模式，在实践中结合自身特点不断摸索和调整，重新定位自身的业务重心，找到适合自身发展的商业模式。在这方面不少企业进行了有益的尝试。

金科推出了以资产管理为重点的线上线下相结合的大社区服务，向用户提供集资产托管、资产服务、资产经营于一体的资产增值服务。

河北卓达物业整合社区内外老龄服务相关资源，搭建社区养老服务网络平台，向业主提供多达672项内容的养老助老服务，带动了企业品牌美誉度和综合实力的大幅提升。

达尔文国际酒店物业凭借自身丰富的国际酒店和地产管理经验，充分利用所辖社区为高档小区的优势，深度挖掘社区资源，积极搭建和不断丰富集物业服务、健康环保、人文教育、信息服务、生活服务、资产管理及微商圈于一体的电子商务平台，重点发展英式管家、健康信息、地产策划和房地产经纪等服务，以专业、温情和便捷取胜，不但为业主提供了优质优价的服务，也为公司的快速发展注入了新的活力，依托社区资源的房地产经纪等多种经营业务，已经成为公司重要的利润增长点。

对于大多数物业公司来说，根据自身特点，坚持特色化服务是明智的。而对于少数规模企业来说，在保持核心业务优势前提下，通过整合产业资源，开展商业合作，尝试多元化的经营模式，通过标准化推进低成本经营和复制管理，也能够实现规模化快速良性发展。

第二章 物业公司网站建设

物业管理正伴随着城市房地产的迅速发展蓬勃兴起,广大百姓在成为购房客户的同时也成为物业的业主,他们在享受拥有产权的同时,也更加关注在居住区内是否能享受良好的服务。而物业公司网站建设能更有效地通过网络向客户展示一系列全方位、多层次、专业化的客户服务。

一、网站建设的意义

在互联网高速发展的今天,网站建设正成为各行业进行形象展示、信息发布、业务拓展、内部沟通的重要阵地,它不但具有快捷、无距离及随时随地均可更新的特性,更具有能提供一些互动性的功能。

物业公司网站的建成,不仅能让社区内的人们了解公司企业文化、服务宗旨和服务,更因其实时性和互动性,能更快捷、无距离地与广大客户实现在线沟通。网站可以极大地方便客户了解咨询公司服务、个性化产品,意见提出等一系列需求,充分帮助客户体验到物业公司网站的全系列特色服务。

二、网站设计原则

(一)品牌性原则

为客户提供有价值的产品和服务,充分体现"物业公司"品牌优势,重点塑造公司网络品牌的个性化形象,使注意力资源尽可能地转化成品牌消费,建立忠诚"物业公司"消费群体。

(二)商业性原则

作为企业商业运作的一个组成重要部分,网站服务于物业公司的企业文化的对外传播,服务于企业与客户、企业与员工沟通渠道的建立,完善企业服务体系,创造更多的商业机会,为公司经营者提供科学决策辅助。

三、网站主要栏目及管理功能

物业公司网站栏目规划应充分考虑展示中心形象、扩大知名度的需要。网站采用了多个动态模块,公司能够自主、独立地完成网站中大多数内容的更新。

在内容及结构框架设计上力求网站体现简捷性与人性化的思想,在功能设计上配合公司的经营模式、经营思想、发展战略。页面的设计将充分体现物业公司的形象,在框架编排、色彩搭配以及Flash动画的适当穿插等方面都做到恰到好处,使整个网站在保证功能的前提下给使用者带来良好的视觉享受和精神愉悦感。

(一) 网站首页

网站首页是网站的第一内容页,整个网站的最新、最值得推荐的内容将在这里展示。在制作上采用动态页面,系统可以调用最新的内容在首页显示。在内容上首页主要以图片和动画的形式来给网站浏览者以第一视觉冲击力,主要包括公司的简介、最新动态信息、服务项目等,并且管理员在后台可以动态更新首页的内容,使整个网站时时充满生机和活力。

福田物业网站的首页

(二) 关于我们

该栏内容是传达公司的经营理念与企业价值观,运用现代网络媒体的优势树立企业品牌和形象,力求将物业公司的企业形象予以最好的传达。

模块可以包括公司简介、领导致辞、组织机构、公司荣誉、公司品牌等。

(三) 新闻中心

本栏目的内容是向业主介绍公司近期活动及行业内最新资讯,让业主及同行业人士能更加方便快捷地了解公司的发展规划,并为公司管理者做出重大决策提供行业内信息依据。

模块包括企业报道、集团资讯、行业动态。

"新闻中心"栏目的内容图示

(四)服务项目

本栏目为本网站的一个重要栏目,是浏览者最想了解的一个栏目,是向所有浏览者展示公司实力的一栏。该栏目内容为公司经营范围、服务项目及服务物色。

模块包括公司各大服务项目。

(五)企业文化

本栏目主要为员工畅谈对公司文化的理解与感悟,同时方便员工了解公司的相关规章制度与公司动态,为公司的发展提出建设性意见,同时也丰富公司员工业余文化生活。

模块包括公司活动、员工心声。

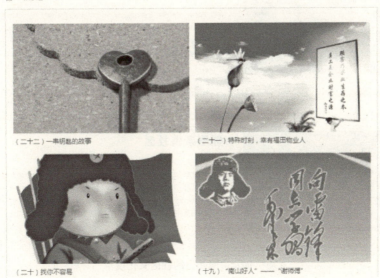

🏠 > 企业文化

家宴

难忘的一天——福田物业团委2015年"五·四青年节"系列活动

拔海沉浮一片绿 同舟共济载福田

福田物业爱心基金会启动

"企业文化"栏目的内容图示

（六）社区活动

本栏目可以树立公司的良好服务品牌和社会形象，为广大业务打下坚实的基础；同时，有利于加强业主和物业公司的协调及沟通，创造一个赏心悦目的生产、经营、生活环境，丰富广大业主的业余文化生活，有利于业主、物业公司之间的沟通和交流。

某物业公司网站上的社区文化展示

（七）人才招聘

本栏目通过公司网站自身招聘系统的建设，在第一时间内发布中心职位需求信息。在人员流动频繁的时期，可以吸引、储备同行业的优秀人才，并具有实时更新的职位库，将真实有效信息展示在企业门户上，也是企业诚信和企业形象的宣传。

模块可以多样化，如加入公司、新人旅程、职业发展、人才招聘等。

（八）客户留言

在线反馈是公司管理者获得网站访客反馈信息的一个重要来源。在线反馈客户可在此栏目内在线填写服务或其他内容的意见发送到公司网站。

某物业公司网站的"客户投诉"栏目

（九）联系我们

本栏目主要介绍公司的联系方式，让业主和物业公司能够更加方便地相互联系。

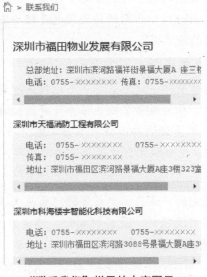

"联系我们"栏目的内容图示

（十）视频中心

本栏目主要以视频方式展示公司最近活动，有利于提升公司的整体形象及品牌效应。

（十一）其他功能模块

（1）网站流量分析：包括流量日志、流量统计、网页分析、访问分析、来源分析、搜索分析等。

（2）友情链接：与相关行业的其他网站互换链接以提升网站权重。

（3）在线客服：以在线QQ方式实现网站访客与网站管理员的在线交流。

（4）网站推广：免费登录到百度、新浪、搜狐、雅虎、163等搜索网站。

四、如何建一个物业公司网站

（一）域名注册

注册一个与公司名称和形象相符的域名，是公司进行网络营销的开始，域名就是公司重要的网络商标，所以在注册域名时，一定要考虑到域名与公司的名称、标识相统一。

一个好的域名应该简洁，过长的字符不便记忆。如果您的域名不便被您的潜在用户们记住，就等于让他们忘掉了找到贵公司网站的地址。选择域名注册商非常重要，这关系到您的域名是否安全、是否能正常使用等问题。所以，一般注册域名，还是尽量选择"18互联"这样的顶级域名注册商。

相关链接

如何选择适合自己网站的域名

在网站建设之初对于域名的选择往往要花去较多的时间。一个好的域名能够给网站带来更为可观的效益，同时对于后期网站优化也是极为有利的。那么我们应该如何去选择更加适合自己网站的域名呢？

1. 选择一个可靠的域名供应商

我们在进行域名注册的时候一定要选择一个比较正规的大型公司，因为这样才能保证以后在进行域名过户、续费或者其他业务办理时比较有效率。现在有许多小公司在代理域名注册的服务，不是说这些小公司不够正规，而是当我们向其反映问题时，他们也是要继续向上反映，这样就无形中延长了回馈周期。

2. 域名后缀有讲究

域名的后缀也是有讲究的，这具体要看您的网站是从事于哪些服务。许多"老站长"都认为".com"的域名是最好、最具权威的，其实不然。在同等情况下，".org"和".net"这两个代表着非商业性网站的后缀就比".com"更具有排名的优势。同时，表示中国域的".cn"和".com.cn"也会比".com"更具有优势。关于域名后缀的选

择，我们更多地应该从将来网站的主题出发，这样才是比较有益的。

3.域名主体的精简

精简的域名往往能够更快地让用户记住它，这样能够大大加强用户的二次访问，这对于一个网站来说是非常有益的。当然，如果能够注册到与您网站主题具有相关性的域名自然是更加完美的。不过现在这样的精简热词域名基本都被抢注光了，他们将抢注到了域名放到第三方平台进行出售，如果您有兴趣的话可以到这些类型的网站上去挑选，一般来说".com"的域名价格会比较高。

4.判断是否有"前科"

当你准备购买或抢注一些老域名的时候，你应该先去看看它是不是有"前科"。如果具有"前科"，那么还是不建议去拥有它，因为它将对您的新网站造成极大的不良影响。如何评估域名是否被惩罚过呢？以下列出几个方法。

（1）综合使用 site、link、domain 指令。当 site 数据为 0 时，而 link 和 domain 都具有数据，那么这个域名极有可能是有"前科"的。

（2）Way Back Machine 查询。Way Back Machine 网站专门提供了域名历史查询功能，尽管有些历史不被完全显示，但对我们挑选域名也提供了一大有利的参考。

（3）web 信息博物馆查询。这里会有一些域名的历史记录，依据这些数据可以调查到域名能否有被赏罚的痕迹。

（二）主机空间

公司建网站还需要一个网站空间，也就是服务器。空间的大小主要根据公司的规模、网站文件的大小来选择，一般情况下，大型公司实力雄厚，而且基于公司自身庞大的数据库以及安全方面的考虑，以选择自己架设独立的服务器为好。

而中小型公司比较乐于选择虚拟主机，这样就可以省去管理、维护、人员的一大笔费用。主机服务商的选择也不能马虎，这关系到整个网站运行是否快速、稳定、安全等问题，选择"18互联"这样的服务商，更有保障。

（三）网站建设

一个好的公司网站建设，其实是一个营销整合的过程，它首先需要了解公司的各种需求，包括了解公司的市场状况、竞争状态、营销渠道、方式及方法等，然后把它与互联网技术相结合。

大型公司一般有人力资源、丰厚的财力，所以会选择专业企业建站程序，然后定制一个服务于自己风格的模板，而中小型公司更多的是选择建站系统现成的公司网站模板。选用自助建站系统的时候，要注意这个系统是否功能满足要求、口碑怎么样等，目前市场上大部分自助建站系统仅支持简单建站功能，而 Page Admin 则可以对网站栏目、结构、布局、数据等公司网站进行修改，而且支持在线支付、购物、积分、会员系统等功能。

第三章　物业社区O2O平台

在地产"白银时代",伴随着移动互联网的迅猛发展,各地产商纷纷拾起之前视为"鸡肋"的物业服务,扩大物业服务规模,抢占社区服务的先机,社区APP几乎已成为大型地产商或物业公司的标准配置。借助传统物业服务的接口,社区O2O正在迅猛发展。

一、O2O与社区O2O

O2O即online to offline(上线到离线/线上到线下),是指将线下的商务机会与互联网结合,让互联网成为线下交易的前台。O2O的概念非常广泛,既可涉及线上,又可涉及线下,可以通称为O2O。

社区O2O是指在移动互联网和电子商务普及时代,通过线上和线下资源的互动整合,完成服务或产品在物业社区"最后一千米"的闭环,其核心是以物业管理社区三维立体空间为中心,构建物业公司、社区居民与相关联企业和服务者之间交互连接的平台。

二、物业公司开展社区O2O的优势

物业公司具有拥有客户资源、了解社区周边的产品和服务提供商、拥有综合服务、拥有精准而且成本低廉的推广渠道以及配送资源等独特的优势,如下图所示。

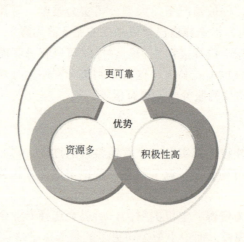

物业公司开展社区电子商务的优势

(一)更可靠

不论是购物,房屋租赁,或是包裹的收发,业主都希望找到一个信得过的合作伙伴,那么物业公司就是最好的合作伙伴之一。

1. 物业服务合同是最好的保障

物业公司是物业管理区域内的业主大会选聘的，并且与业主委员会之间签订了物业服务合同，双方的权利和义务是受法律约束的。在合同期限内，物业公司的服务是要接受业主监督的，所以在一定期限内，物业公司的可靠性是有保证的。

2. 用户体验每天都在进行中

业主每时每刻都在接受物业公司的服务，好与坏自然是再清楚不过了。物业公司服务得好，有偿服务价格就会高一些，业主们也会心甘情愿接受；相反，如果物业公司的服务跟不上，那么即使再低的价格，业主也不愿意接受。

3. 随时联系得上的便利性

物业公司都设有24小时的客服电话，方便业主有问题随时联系物业公司，因此当业主有需求或是有问题需要咨询时，可以通过拨打客服电话随时与物业公司保持联系，这就为业主提供了极大的方便。网络社区论坛和社区APP既可方便业主之间的相互交流，也可为物业公司进行物业费收缴等工作提供便利。

4. 价格优势明显

物业公司的工作地点就在物业管理区域内，距离业主相对较近，这种近距离很大程度上降低了物流成本，从而使得物业公司的个性化服务在价格上具有了一定的优势。

（二）资源多

在资源掌握方面，物业公司可谓捧着个"金饭碗"。

1. 信息资源多

从业主办理入住的时候，物业公司就可以依法收集物业管理区域内每名业主诸如姓名、性别、联系电话、家庭住址等信息，这是其他企业无法办到的。物业公司独有的这些信息，为物业公司后期开展社区O2O奠定了坚实的基础。

2. 公共资源多

物业公司对整个物业管理区域内的社区公告栏、电梯广告、公共停车场等的使用有着得天独厚的优势。物业公司根据开展社区O2O的需要，结合物业区域内业主的需求，有针对性地开展各种诸如广告、服务和商品代理等业务合作。合理使用公共资源，物业公司既可以从供应商那里获得广告收入，又可以通过代理相关产品和服务获取一定的利润。这些服务拉近了物业公司与广大业主的关系，提升了物业服务的品质，物业费的收缴率自然也就提高了。

3. 合作关系多

与开发商的合作，使得物业公司在装饰装修和维修保养等方面，可以获取一定的物质和技术上的支持，开发商也可以为物业管理提供合理的物业管理用房；与社区居委会的合作，使物业公司开展各种活动和组织人员更加容易；与供水、供电、供气、有线电视等单位的合作，为物业公司拓展除代收费用以外的其他业务合作提供了可能。所有这些合作都为物业公司开展O2O提供了更多的资源选择。

(三)积极性高

1. 物业公司的积极性高

处于亏损、"吃不饱"状态的物业公司,为了摆脱效益低下的困境,会不断探索新的经济增长点。互联网为物业公司增加效益、摆脱困境提供了新的机遇,物业公司通过开展社区O2O能够获取更多利润,当然积极性也会有所提高。

2. 业主们的积极性高

业主希望找到价格最低、效率最高、诚信度好的服务,当物业公司开展社区O2O时,使业主们的获益最大,业主们自然乐意参与到社区O2O中来。

相关链接

用社区O2O将物业服务做成"盈利行业"

据报道,酝酿已久的花样年集团旗下彩生活服务集团有限公司(下简称"彩生活")分拆上市计划只差"临门一脚"。刚刚度过12岁生日的"彩生活",或将成为内地第一家在中国香港独立上市的物业公司。当其社区服务模式得到资本市场的基本认可、增值服务获取的利润已经相当可观并将保持高速增长时,"物业零收费"的预言会如期而至吗?

事实上,自10年前"彩生活"频频降低管理费并宣称"物业可能零收费"激起业界强烈反响开始,它便一直以"另类"的形象在物业圈中前行。即使在其即将迎来上市曙光的今天,以挖掘社区经营价值、拓展物业盈利渠道为核心的"彩生活模式"仍然未被业内人士广泛接受,争议重重。

但从周鸿祎旗下"奇虎360"作为基石投资者认购1000万美元入股的举动来看,

"彩生活"社区服务模式目前得到了资本市场的基本认可。据其招股资料披露,"彩生活"已与465个住宅社区签约提供物业服务,并为373个住宅社区提供顾问服务,2011—2013年的复合年增长率为26.1%,而这3年增值服务的毛利率分别为82.3%、94.1%及98.4%。分析人士根据这几项关键数据认为,"彩生活"未来增长动力充沛,其中长线前景较为乐观,上市后股价亦有上涨空间。而花样年集团开发的住宅社区服务面积在"彩生活"业务中的占比不到3%则表明,"彩生活模式"对外输出的速度有望随着融资渠道的增加而呈现"滚雪球"式的规模扩张。

是物业行业的"搅局者",还是激活市场的"鲶鱼"?不管怎样,"彩生活"都已经成为一家难以被忽视的企业。而当其增值服务获取的利润已经相当可观并将保持高速增长时,"物业零收费"的预言会如期而至吗?

2013年纯利润率达29.3%的"彩生活"把物业服务做成"暴利行业"。

根据"彩生活"公布的数据,该公司2011年和2012年,纯利润率分别为16%和22.8%,而撇除上市开支的影响,2013年的纯利润率达29.3%,同期花样年集团的纯利润率为16.9%。在这一业绩的支持下,花样年集团主席兼首席执行官潘军在2013年年度业绩会上表态称:"2014年我们更希望大家称我们是社区服务运营商,而不仅仅是一个开发商。"

与之形成对比的是,万科物业作为业内服务口碑和缴费情况最理想的企业之一,年报显示,2012年和2013年物业管理业务的营业利润率分别为4.71%和12.19%。按照传统物业模式经营的物业公司,在物业费上调难以实现的背景下,几乎都面临着人力成本上升和利润率下降的现实困境。"彩生活"所采用的模式则从"开源"和"节流"两方面进行了延展,利润便由此而来。

"彩生活"管理层曾透露,"彩生活"的盈利水平与公司规模紧密相关:2013年底,"彩生活"的管理规模为9100万平方米,到2014年4月,签约管理面积达到1.26亿平方米,其中产生收益的面积由2013年年底的6060万平方米增加到2014年4月底的1.15亿平方米。业内人士分析,"彩生活"大量兼并物业公司并准备将上市后所得款项净额约60%用作收购地区物业公司,就是为了获取更多的业主资源,发展增值服务。

我们不希望物业管理永远成为我们最挣钱的部分,"彩生活"非常看重中国住宅社区所拥有的业主规模和潜在的消费需求,看重社区经营的商机。潘军和"彩生活"CEO唐学斌在上市新闻发布会上回应道,"彩生活"依托互联网搭建的社区平台能够为业主提供多元化的增值服务,而这些消费则为公司带来充足的盈利空间。

和其他电商比,"彩生活"模式的独特性非常明显。因为只面向一个小区的业主这样具体的人群,有一个具体的时空范围,而我们对所服务的每个家庭信息、需求和信用都非常了解。因此,我们提供的服务具有很强的针对性。唐学斌表示,"彩生活"向供应商提供的是平台入口,在经过"彩生活"严格的控制、管理和识别后方能进入,"任何供应商、服务或者产品想要提供给住户和业主,就必须通过我们这个平台和结算体系。"这种具有强烈排他性的方式,使得"彩生活"有效地控制了"社区最后100米",以此向供应商收取固定的佣金,获取报酬。

标准化、集约化、自动化物业行业可以不是劳动密集型?

在2007年年底,花样年集团经过拆分重组成立了深圳(楼盘)市花样年"彩生活"科技有限公司时,它就包括了开元同济楼宇科技和"彩生活"网络服务两部分智能化、网络化、自动化的业务。而从2012年下半年开始"彩生活"在所服务的小区大规模升级自动化设备,采用停车场保安系统、远程监控摄录机等设施降低员工数量,"标准化、集约化、自动化"则是其控制人力成本的策略。

"彩生活"管理层在上市发布会上表示,过往的成本结构中,用工成本占比最大,占整体成本接近一半比例,"彩生活"对保安、保洁、保修等高人力投入的领域进行了改变,用智能化设备和手段来取代劳动力,规模化也使得"彩生活"可以在一个片区内选择"一位技术性员工多个社区使用"。

"'彩生活'不是一个劳动密集型的企业,这是我们与传统的物业管理最大的区别。作为一个基于社区服务的公司,我们凭借标准化服务模式,脱离了高劳动用工的传统模式;作为一个科技化的服务公司,通过系统能够在新模式基础上在全国快速复制我们的管理。"潘军曾经在接受南都记者采访时谈及,"彩生活"的经理级用工成本仅有万科的一半,而据"彩生活"披露的社区平均用工量也约为行业平均水平的一半。

不过,大量使用自动设备,在降低人工成本的同时,也降低了"彩生活"的服务品质。南都记者走访"彩生活"管理的花样年花郡、城市东座等住宅小区及香年广场、美年广场等写字楼发现,业主对于"彩生活"的基础服务颇不满意,"空调坏了几天没人修,纸屑满小区飘"等意见不止一例,花样年集团内部人士对于"彩生活"的服务质量下降也并不讳言。同时,该集团还成立有另一家物业公司"物业国际",是深圳花样年物业管理有限公司专职对花样年集团所开发的高端房地产项目进行物业服务的部门。

(文章来源:中国物业管理网——www.zgwygl.org)

三、物业公司开展社区O2O的劣势

物业公司在开展社区O2O时,也面临着诸多不利因素。

(一)人员整体素质偏低

尽管物业管理法规规定物业公司要有一定数量的管理和技术人员,但保安、保洁、工程技术维修人员等基础员工比例较大,所以物业公司员工的整体素质相对偏低。物业公司中懂电商的人才偏少。

(二)需要增加员工和居高不下的人工成本的矛盾

物业公司要开展社区O2O,不管是专业人才的引进,还是开展具体的业务,都需要增加人员,在人力成本居高不下的现今,本来已处于亏损的物业公司很难解决人才和人

员不足的问题。

（三）附属定位决定了物业公司对创新的积极性不高

相当一部分物业公司是房地产开发商的附属企业，企业定位就是为了地产项目完工后，为购房者提供售后的维修保养服务，开发商不指望物业公司能够带来多少盈利，能够解决问题就好。所以开发商不愿意投入太多的资金和精力在物业服务上，这种不重视的态度直接导致了物业公司"不求有功但求无过"的心态，对开展社区O2O等创新的积极性显然不高。

四、物业公司开展社区O2O的相关项目

（一）快递包裹的收发和配送

1. 快递包裹的寄存

物业公司可以充分利用其管理的物业公共区域（包括楼宇大堂、地下室、公共办公区域等），开展快递包裹的代收和代发业务。目前万科开展的代收快递的收费标准是0.6～0.7元/件。

2. 快递包裹的配送

物业公司可以利用现有的保安和服务人员进行配送，在基本不增加成本的情况下，完成最后100米的配送，能够很大程度上降低配送成本。

（二）房屋租赁

1. 有信息，有信任，有效益

物业公司开展房屋租赁，既可以利用自身的优势获取大量的租户信息，帮助业主解决租户信息不足的问题，又能解决业主对其他房屋中介不信任的问题。同时，物业公司也可以通过房屋租赁得到一定的收益。

2. 业主放心有保障

业主房屋租赁后，物业公司可以通过日常的保安、保洁和维修保养等，及时跟进业主房屋的使用管理，帮助业主及时掌握房产安全，让业主放心。

（三）其他项目

超市、餐馆等能够满足业主日常生活起居的项目，都是物业公司开展社区O2O需要积极参与的，每个社区有每个社区的特点，物业公司根据自身的实际，从满足业主需要出发，尽可能抓住互联网大发展的机遇，开展社区O2O项目。

五、做社区O2O的主要切入点

（一）服务平台

以物业服务为基础切入到O2O的服务中，为业主提供一键缴费、投诉保修、小区动

态通知等日常服务，同时为小区物业提供收纳缴费、监督测评员工等管家服务。

（二）电商平台

围绕社区的商品配送切入，以周边三千米为范围设定为商圈，在商圈内整合商家并与之合作，为业主们提供在线购物、商品优惠、团购"秒杀"等增值服务。

（三）社交平台

以社区信息整合及搭建社区居民的社交平台作为切入点，提供社区资讯、邻里间的交友互动等服务。

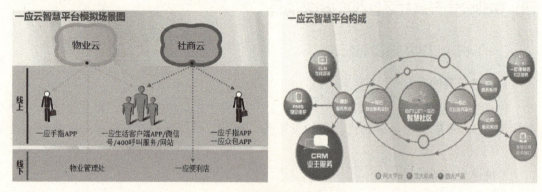

一应云智慧平台

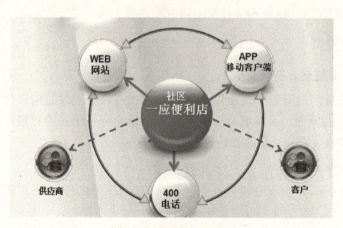

一应便利店社区商务平台图示

六、社区O2O的主要服务模式

（一）跨界结合

形式：物业+电商+物流。

以"上房物业"牵头的10家上海著名的物业公司和社区增值服务公司的战略合作为代表，社区增值服务公司为10家战略合作物业公司所管理的约500个小区、近100万的居民提供物业及生活增值服务、社交服务、免费福利、打折优惠等内容。

（二）自营兼加盟

形式：自有物业兼带其他非自有物业社区联盟。

主要以"彩生活"的彩之云和长城物业的一应生活平台为代表，通过上市融资或结盟的方式为用户提供专属物业服务，并提供以社区为中心辐射一千米微商圈，集包含衣、食、住、行、娱、购、游在内的各领域商户服务资源，实时推送并更新活动信息。

（三）自给自足

形式：开发商/物业自主开发，开发商/物业、商户、用户三者形成一个闭环。

以万科五坊商业建筑2049为代表，其提供社区生活所需，提供最后一千米解决方案，为商户和用户提供互通平台，在这个平台上，商户可以实现线上购买，也可将用户引流至线下，开展体验。做到线上电商/线下实体店与移动互联网的结合。

七、社区O2O的宣传推广

在社区O2O的宣传推广上，方法是很多样的。主要的宣传方式有如下三种。

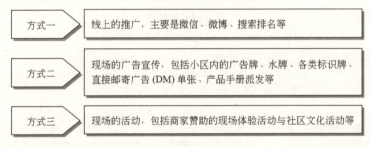

社区O2O的宣传推广方式

线上与线下的推广应当是同步的，当然，线上的推广成本低廉，也不受限制，而线下的推广通常会受到物业公司的配合度、业主委员会的干涉等因素影响。其中，物业公司利用日常上门服务或者沟通的机会，上门推广是比较有效的一种方式。

八、物业公司如何践行社区O2O

（一）传统物业到社区O2O：两个转变

1. 服务范围的转变

传统物业管理包括对房屋建筑、公共设施、绿化、卫生、交通、生活秩序和环境等项目的管理。社区O2O模式在传统物业的基础上，将各类信息系统和资源进行整合，构建统一的社区信息平台，改善社区服务。

2. 商业模式的转变

从传统物业到社区O2O，在商业模式上的转变，主要体现在管理重点、管理方式、人员结构和收入结构等方面，如下图所示。

```
转变一  →  管理重心改变
```

传统物业管理的重心在对房屋及配套设施、相关场地的养护、维修，对小区环境和秩序的维护等管理，而社区 O2O 模式更加关注业主的需求，使物业管理变成了与业主共同管理的过程，真正把服务做到家

```
转变二  →  管理方式及人员结构改变
```

传统物业管理采用人防的管理方式，属于劳动密集型行业，工作人员较多而技能要求低；社区 O2O 运用信息化系统，在安防、监控等方面实现了技防，而对管理人员技能的要求也更高

```
转变三  →  盈利模式改变
```

传统物业到社区 O2O 最直接的转变在于其盈利模式，社区 O2O 收入不再仅依靠物业管理费，物业管理收入将主要来源于客户增值服务等多种盈利途径

商业模式的转变

（二）如何转型社区 O2O：三步走

实现真正意义上的社区 O2O 模式需分三步走，如下图所示。

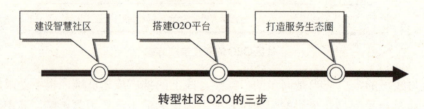

转型社区 O2O 的三步

1. 建设智慧社区

实现线上线下的连接，仅依靠手机 APP 是不够的，社区 O2O 需以智慧社区作为基础才能实现。智慧社区的建设包括硬件和软件两个方面，如下图所示。

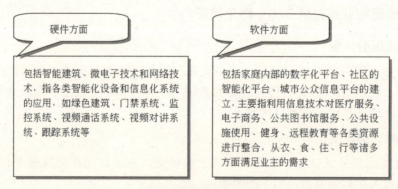

智慧社区建设的两个方面

2. 搭建O2O平台

利用移动互联网，搭建以社区为中心开展的生活服务平台，将服务深入到住户中去。社区O2O平台搭建可从三个方面进行切入，即电商、服务、社交，如下图所示。

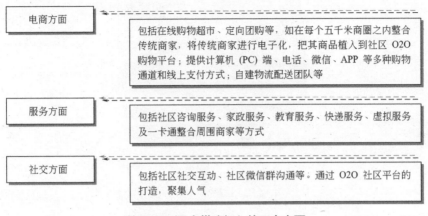

社区O2O平台搭建切入的三个方面

3. 打造服务生态圈

打造良好的服务生态圈是社区O2O的核心，也是困扰社区O2O运营商的瓶颈。真正意义上的社区O2O应是充分体现以人为本和可持续发展的内涵、具备智慧社区硬件与软件功能、整合各类O2O平台信息、将社区和家庭作为服务背景的生态圈。将互联网作为渠道提供物业服务，提供精细化服务和高端定制服务，使得业主对社区产生归属感和认同感，形成业主、物业、商家全面参与互动、共生共荣、相互促进的关系，使物业真正融入生活，提高舒适度和幸福度。

相关链接

万科社区物业O2O睿服务平台

在互联网视角下，万科物业变革暗流涌动。万科物业的"大招"是移动互联网技术的应用，在此基础上推出"住这儿"社区生活APP。

一、万科物业的运营体系

基于线上线下"睿服务"体系，通过"住这儿"APP客户端完善服务体验。

目标客群：万科物业的业主专属（用户注册手机号和万科物业方面留下的手机号对应才可成为APP会员）。

服务内容："住这儿"APP提供物业服务、社区交流、商圈服务三大类服务。

服务盈利实现路径：前台APP端与后台睿服务体系结合，以APP端功能为媒介，睿服务从技术、管理到现场服务全面升级，提升用户服务体验，创造服务增益。

"住这儿"APP

二、万科物业的核心功能

围绕社区物业、社区社交和周边商圈，构筑社区生活服务体系。

首页：物业最新公告、社区活动召集、社区热点议事。

房屋：访客通行证生成、在线报修、在线房屋交易、投诉物业、表扬物业、物业账单查询、一卡通账单查询。

随手拍：通过手机拍照功能，完成分享社区新鲜事、现场取证报修等。

良商乐：社区周边商家的业主评分、活力排行、黑榜。

关系：房下账号查询、邮包查询、活动通知、访客通知、报修通知、投诉通知。

社区物业：线上物业服务流程，使服务更高效，信息更透明，沟通更及时。借助移动互联网，在服务全流程中，业主与物业及时沟通和充分交互，使业主感受到提出的话题被关注，需求被满足，自身价值得到尊重。

线上物业服务

社区社交：线上社区社交，促进了邻里间、物业与业主间的互动交流，营造良好的氛围。

"住这儿"APP的社区社交功能，是以社群的运营为核心。鼓励拥有共同兴趣与爱好的业主形成自组织，以模糊身份、去除中心、去除权威的交流形式，提升用户互动效果。

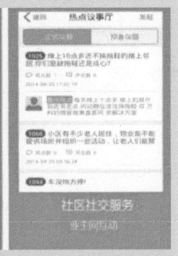

"住这儿"APP的社区社交功能

周边商圈：赋予业主话语权，从线上口碑影响线下商家行为，突显对业主尊重。

"住这儿"APP的周边商圈服务功能，由用户线下实体商家体验到线上交流反馈，形成线上社区业主口碑监督体系，促使商家服务意识强化，完善产品体验，维护社区共同利益。也为日后万科社区商业上线形成社区O2O闭环奠定基础。

"住这儿"APP的周边商圈服务功能

三、万科物业的后台管理

1. 后台管理体系

万科物业以技术、管理与现场服务三方互动联系，形成完整的服务后台管理体系。

睿平台：由业主及工作人员手机端应用、后台运营系统、设备监控系统、客户管理全息视图系统等组成的信息平台。

管理中心：由职业物业师组成，对项目进行直接管控。

服务中心：由管家、场所管理、秩序维护以及业务支持四大模块组成。

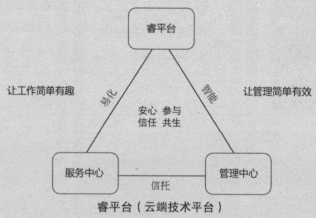

睿平台（云端技术平台）

2. 万科物业云端系统和合伙机制创新

睿平台集合了业主端、员工端、合作方三方在统一系统平台上，互联互通、相互支持，使员工可以看到客户的需求，负责人可以看到员工的诉求，合作方可以看到万科物业的需求，为物业价值持续发展提供技术支持。

万科物业云端系统和合伙机制创新

- 业主端：利用APP与后台管理系统，快速响应业主需求，挖掘业主潜在需求，实现管理思维向服务思维的转变。
- 员工端：利用移动互联网与物联网技术，突破设备管理与工作人员管理瓶颈；实现设备远程数据采集和控制；实现人员智能集中调度；实现人员绩效管理优化；实现远程技术支持。
- 合作方：集成业务管理与财务管理体系，满足客户需求，协调外部资源，统筹安排资金、人员、场地、商品及服务等，推动企业经营管理有序推进。

3. 管理中心（属地区域管理中心的专家、顾问师）

借助云端系统和合伙机制创新，推动管理者身份与方式转变，提升管理效率。

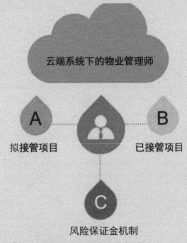

管理者身份与方式转变

- 拟接管项目：数据审计、综合评估、改造训练与上线运营。
- 已接管项目：多项目现场人员进行远程训练、督导和驾驭。
- 风险保证金机制：职业物业师需要投入一笔"风险保证金"，若所在中心收益大于预期，则与公司共享收益；反之则以保证金分担风险。

4. 服务中心（项目现场）

在客户服务思维改造下，项目现场客户服务将成为业务与晋升最重要一环。

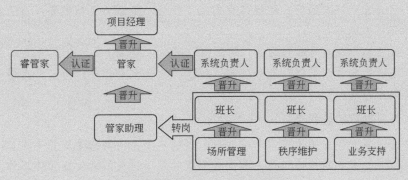

万科物业服务中心（项目现场）

（1）管家岗位职能

①网格管理：负责客户触点维护、客户关系维护、突发事件处理以及推进社区共治。

②客户信息管理：负责客户信息统筹管理，收集、维护客户信息，保障客户信息安全。

③服务产品落地：负责服务产品提供和推荐，例如房屋托管、家居保洁、设备维修、桶装水等业务。

（2）优化举措

①借助信息技术、智能化系统，将客户服务从烦琐的品控与信息输入/输出后台解放，专注客户综合服务。

②强化客户服务在职业晋升的评价地位，是否具备客户服务经验或能力将是项目经理选拔的必经路径。

四、"睿管家"服务

以用户视角，贴近客户需求，突出客户深度接触、需求挖掘和服务的价值。

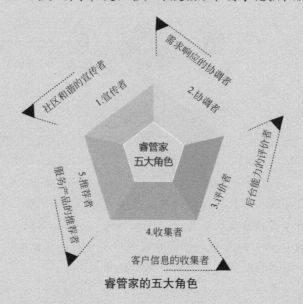

睿管家的五大角色

睿管家服务价值链的作用如下。

（1）通过客户触点维护，挖掘客户需求，化被动服务为主动服务，消除客户潜在不满，提升满意度。

（2）通过客户联系与统筹管理，解决客户问题，挖掘业务机会，增强客户黏性。

（3）通过对客户需求进行充分理解、挖掘，获得客户信任，为客户提供专业代理服务，增强业务附加值。

五、万科物业的盈利点

万科物业事业部首席执行官朱保全说：我们不要去谈物业管理费是收1.5元/平方米还是3.8元/平方米的价格问题，希望我们谈的是——我们的物业管理工作，与业主的房子明天是值300万元，还是值1500万元的资产价值关系问题。

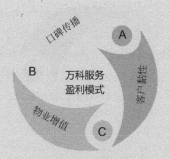

万科物业的盈利点

1. 以服务打动用户

切合业主诉求，打造完美服务体验，业主从被关注、被认同、被尊重、被感动，并最终成为忠实的客群。

2. 以服务推广品牌

以优异的服务体验，获取良好的口碑传播效应，逐步树立和巩固企业品牌竞争力优势。

3. 以服务实现增值

充分挖掘服务价值，推进增值业务发展，促进物业开发价值的倍增。

［文章来源于中国物业教育网（物研社）http://www.99wys.cn/?p=662］

 相关链接

十大社区O2O项目解读

市场上各类社区O2O公司可以分为两种，即"以人聚商"或"以商聚人"，几乎无一例外。

A. 以人聚商

以人的社交需求入手：社区交友平台
以人的基础物业需求入手：基础物管升级
以人的生活服务需求：其他服务细分

从用户端发起，在生活办公场所中人们的广泛需求可分为社交、物业和生活服务。

以规模带效益

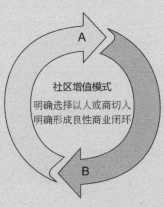

B. 以商聚人

以消费体验入手：社区周边商业
以交易入手：社区电子商务
以营销入手：社区营销推广

从服务端发起，图说商务活动的三大核心点：消费体验、交易和营销，展开社区增值服务建设。

以商务引客户

"以人聚商"从用户端发起，在生活办公场所中人们的需求可分为社交、物业和生活服务等方面，以规模带效益。

"以商聚人"从服务端发起，围绕商务活动的三大核心点：消费体验、交易和营销，展开社区增值服务建设，以商务引客户。

"以人聚商"，以社交、物管和居家服务为入口，通过平台聚集人气，为商业发展铺路，主要的三种业务方向：社区社交平台（叮咚小区）、基础物管升级（彩生活物业、长城物业、云家园）、社区其他服务细分（e家洁、猫屋、e袋洗、速递易、家e通）。三类业务易形成规模，盈利性、风险性各有优势，但是，单业务驱动的前景难料。

第一部分 以人聚商

案例一：叮咚小区

叮咚小区于2013年年底上线，是以手机终端应用呈现的社区社交（"我的小区"）以及社区周边服务（"小区周边"）线上平台。其以社区社交论坛为卖点，借助投资快速布点，以广告费及佣金提成作为盈利方式，为社区业主提供生活便利服务及社交平台，抢占社区客户。

	业务内容	
	我的小区	小区周边
	◇ 服务站（小区公告、办事办证） ◇ 号码通（电话通讯录） ◇ 论坛 ◇ 对话（移动聊天工具） ◇ 邀请（分享叮咚小区应用到微信、微博，还有类似微信摇一摇的功能）	◇ 二手市场 ◇ 拼车 ◇ 宠物 ◇ 家政 ◇ 家教

目前以线上平台为主,线下服务有限。其业务成败在于客户规模,可替代性强,竞争日益激烈,风险较大。

1. 案例特点

广告佣金提成盈利;易形成规模、易培养客户黏性;客户规模决定成败;可替代性强。

2. 盈利性

推荐产品与服务,获取商家广告费收益;用户从线上购买,线下体验商家提供的商品及服务,叮咚小区作为一个平台从商家获取提成佣金。

3. 可复制性

通过开放式APP,与社区网点对接,易于形成规模,快速复制;以社交为核心,通过口碑和社交,客户黏性强。规模扩大后,利于其他相关业务推广。

4. 持续性

持续发展的内在逻辑是,庞大的平台客户规模,更多、更优质商家加盟合作,充实、完善服务内容及水平,巩固和吸引更多活跃用户形成商机,使客流持续增长,核心在于快速实现客户的规模效益。

5. 风险性

业务门槛低,例如小区助手、小区无忧、小区问问等众多同质化APP面世,各类物业、其他类社区增值服务平台亦在建设社区社交服务板块,竞争日益激烈,缺乏核心竞争力,易被替代。

案例二:彩生活

"彩生活"于2008年启动,在金融与互联网"基因"改造下的物业公司,依托"彩生活服务网络"搭建的"彩生活"物业服务体系,通过提供平台来整合资源,赢取利润。目前,"彩生活"已远高于同行的利润及毛利率。

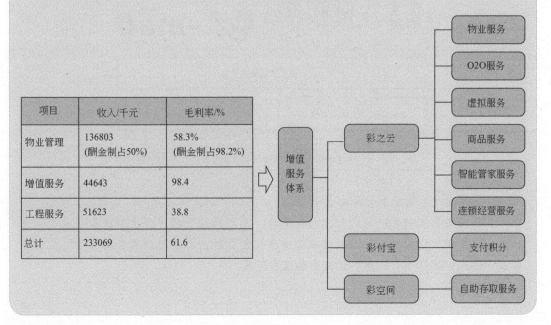

项目	收入/千元	毛利率/%
物业管理	136803(酬金制占50%)	58.3%(酬金制占98.2%)
增值服务	44643	98.4
工程服务	51623	38.8
总计	233069	61.6

案例三：长城物业

长城物业始于2011年，是由尚邻不动产、长者之家、惠尔达构成的长城U-mall社区商务体系。以智慧物业系统分享合作，扩大物业管理规模，为增值服务奠定基础。以一应云智慧物业系统为主要卖点，对外共享平台资源，提升物业管理规模。社区增值服务处于试水期。长城一应云平台对外合作共享，规模提升快，但增值服务发展缓慢。

1. 业务模式：物业平台输出

长城物业自主研发一应云智慧物业平台，集成物业管理、业主管理和社区商务等功能，实现现代化管理；除了自管业务信息化管理外，与其他物业公司签订一应云平台合作协议，共享平台服务，扩大平台服务范围。

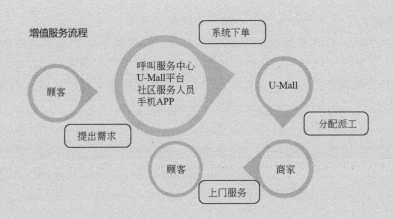

2. 案例特点

平台服务费+自营门店收益销售分成+盈利；平台输出，推广迅速；增值服务发展缓慢；物业与增值服务发展脱节。

3. 盈利性

除了物业服务及物业咨询外，通过对外合作，能获取可观的平台服务费用；自营社区商务门店，获取营业收益；以平台联系外部供应商，为业主提供商品配送，与商家进行销售分成。

4. 可复制性

长城物业已成为物业服务领先品牌，除了发展自营物业规模外，对外合作共享一应云平台，推广迅速，服务规模成型快。

5. 持续性

业务规模扩张及发展，依赖于物业公司的品牌影响力持续提升；增值服务仍处于试水阶段，布局受线下门店限制，仅在深圳和北京发展，服务社区有限。

6. 风险性

长城物业一应云平台推广迅速，但大部分服务来源于智能化物业维护和呼叫，对社区增值线上服务需求不足，业务发展缓慢。

案例四：猫屋

猫屋于2013年启动，包括包裹服务、社区O2O服务、社区周边电商导购增值服务的线下实体店及服务点。倡导多维度开放合作，以物流终端服务为基点铺开，完善社区战略布局。猫屋通过代理加盟和自营体验店，目前以邮包服务为基点铺开，未来将着力发展O2O体验。

1. 业务模式：线下代理加盟，以邮包代收服务为主

2013年年底，一共拓展1000多家实体门店，以开放加盟制社区商店为主，自建少量体验式自营店；代理加盟除保证金外不收取任何费用，安装终端，选择开展邮包代收或O2O商城服务，通过合作获取客流收益，实现服务对接社区终端；目前绝大部分代理店只提供包裹代收服务，线下O2O体验未展开。

代收服务	O2O服务	500米终端服务
✓ 包裹自提 ✓ 预约派送 ✓ 24小时自提柜	✓ 实体店触摸屏及移动终端操作，以大数据为基础，实行精准社区化营销和门到门配送	✓ 周边500米寻找包裹服务、商品购买、餐饮服务等，推送热点和优惠信息，实现电商导购增值服务

2. 案例特点

O2O电商＋物流成本节约＋广告盈利；开放式加盟制，易于布点；客户参与度影响持续发展；代理店风险与复制质量、冷链O2O物流成本。

以低门槛代理加盟为主，完善电商最后一千米铺设，管控风险大。

3. 盈利性

邮包自提从而降低额外物流库存成本，通过线下体验式O2O服务盈利（目前未实现盈利），未来将通过商家信息推荐和包裹自提客流的方式，与合作商家收取广告费。

4. 可复制性

以开放式代理店加盟制为主，结合部分自营旗舰店，不设区域及加盟店业态门槛，以每单补贴0.8元形式吸引加盟，业务布点迅速。

5. 持续性

开放式猫屋布局，解决电商对接社区最后一千米的问题，随着电商网购客户取件习惯的转变，有利于物流、社区门店商流以及线上网购商流三方获利。

6. 风险性

代理店门槛低，小微社区商业本身持续经营能力弱，稳定性差；目前O2O商城以生鲜冷链商品为主，商品与物流为外部资源，成本难以降低，对未来竞争有影响。

案例五：e家洁

e家洁于2013年启动，根据线上订单，寻找居住在最近的保洁人员进行上门居家保洁服务，核心是基于地理位置寻找小时工上门服务，以平台替代传统中介，就近寻找签约保姆，提供收费统一的家政服务。e家洁以家政服务切入，通过透明化和标准化线上平台，联系线下保姆就近服务业主，并以客流作为后续线下合作盈利基础。

1. 业务模式：家政服务O2O

跳过家政公司，与保姆签订协议，注册上线，采用统一收费标准，根据线上下单客户位置，推送最近的保姆信息；以居室室内清洁作为核心业务，通过补贴优惠和圈定会员制来稳定客户群；线下实体门店负责培训，星级评分保证业务质量，以合同内保险约束业主与保姆私下交易行为。公开透明平台，吸收会员用户，延伸高单价家政服务及其他合作服务。

2. 案例特点

订单分成+未来服务转介盈利；线上透明平台易于服务；会员制留住客户，拓展服务多元化和高附加值服务；人员培训投入大，同业竞争风险压力大。

3. 盈利性

目前采用按单抽成，但比例要比传统中介低，未来会通过平台吸引客流，将其转介给线下合作方盈利。

4. 可复制性

原"滴滴打车"团队开发，采用异曲同工的LBS定位和服务推送模式，服务易于推广；采用开放式平台，标准化收费机制，相比传统规范性较弱的家政服务具有吸引力，业务易成型。

5. 持续性

以优惠补贴形式发展，吸引会员制客户，保证稳定的客户群；前期以低服务周期、每次服务单价低的家政服务为主，后期将拓展月嫂、住家保姆的长服务周期、高服务金额的服务，实现业务多元和财务风险平衡。

6. 风险性

线下培训机制仍然较薄弱，依靠评分机制难以帮助服务水平有效提升；家政竞争门槛低，未来预期竞争压力较大，服务便利性难以作为核心竞争。

案例小结：上述三类业务易形成规模，盈利性、风险性各有优势，单业务驱动前景难料。

社区交友：业务易于推广，商业潜力大，但盈利发展难以预计

（1）业务延展：以社区交友衍生多样化活动和兴趣组，汇集共同需求客群，并为各类对应商业服务、广告和社交服务发展提供精准客户池。

（2）复制性：开放式应用易于推广，但可替代性强，各类服务商均在积极介入，持续发展前景不明朗。

（3）盈利模式：社交服务自身难盈利，前期对接社区物业及居民成本投入高，规模培育期难估计。国内无成功样本，盈利发展难以预计。

物管升级：抢占入口，前期成本投入大，专业物业技术管理能力要求高

（1）业务延展：通过介入社区物管，能占领增值服务入口，减少后续服务推进障碍。

（2）复制性：物管行业升级潜在需求大，业务推广建立在成熟科技及物管体系前提下，管理和技术要求高，前期投入大。

（3）盈利模式：利用优质科技设备和管理改造，可以获得稳定的物业服务费或系统服务费，通过提前布点，能够节省未来社区进入的高昂成本。

其他服务：需求量大，但门槛低，替代性强，缺乏核心优势，难延续发展。

（1）业务延展：通过某类社区居住日常需求服务入手，可衍生和连接更多相关服务和商业。

（2）复制性：便民及家政服务门槛较低、易复制、可替代性强，竞争激烈。养老、医疗等专业性强，自建服务难以快速复制推广。

（3）盈利模式：通过提供贴近社区生活的相关服务，可获得稳定客户群和服务收益，但其为高成本、重资产的模式，例如速递易，业务盈利前景不佳。

第二部分　以商聚人

"以商聚人"，业态相对较重，优先健全商业服务体系，通过商业吸引力，推进市场扩张，可以分为周边商业（万科物业、绿城物业、金地物业、比邻店、鲜蜂网）、社区电商（顺丰嘿店、厨易时代、任我在线、社区001）和社区营销三类，覆盖周边商业、电商及营销推广服务，线上和线下融合的社区商业O2O渐成趋势。

案例六：万科物业

万科物业是业内最早的O2O平台，于2001年启动，包括万科租赁中心、"五菜一场"社区服务配套体系结合"住这儿"线上平台，作为一个O2O平台，自营食堂、菜市场、银行、超市、药店、洗衣店等社区商业配套，服务针对万科业主。自建自营社区商业，前期成本大，盈利低，未来将向资本化运作发展。万科物业利用其品牌效应，整合线上及线下资源，作为一个封闭型的O2O平台为其业主提供个性化的社区增值服务。

万科物业

1. 业务模式：自建自营，未来金融化运作

万科采取自建自营模式，无论是食堂还是菜市场，社区自营配套的日常维护均由各地的万科物业承担。有凯德置地背景的毛大庆负责社区商业，引入中国香港知名社区商业基金公司领汇基金，未来可能采用自持社区商业部分股权的同时，将大部分股权转让给基金投资者的方式，进行"轻资产运营"运作。

2. 三大主要业务

（1）第五食堂（食物类服务）。需要强大的资金和资源作为基础，因此该模式复制难度大。菜品价格较周边同类便宜近30%，毛利率不到10%。

（2）幸福驿站（生活用品类服务）。引入合作伙伴作为生活类服务提供商，与市场价相同，服务费用与合作的相关服务公司结算。

（3）住这儿（APP）。万科作为一个平台，开发专用APP，整合报修、邮包、投诉等基础功能。

案例七：千米网

千米网于2013年成立，2015年定位由"电商系统及服务提供商"升级为"专业电商SaaS平台"，为用户提供一体化的电商解决方案及服务，搭建电商最后一千米。千米网旗下业务分三块：e生活、千米云销、供货网。千米网现有40万下线网点，用户数量超过2500个，平台月均流水超过30亿元。2014年6月千米网完成5000万元A轮融资。

1. 产品线

（1）e生活：基于充值缴费、生活服务、差旅票务、转账支付等类目领域，为用户提供在社区、街道、村庄等便民服务的本地电商SaaS系统。用户可以通过e生活系统在当地发展线下网点，赚取订单差价和网点加盟费等实现盈利。

（2）千米云销：传统行业一体化电商SaaS解决方案，为不同类型、不同模式、不同规模的企业用户，提供B2C在线零售系统、B2B分销批发系统、B2B2C多用户商城系统等多种产品及定制化行业电商解决方案。

（3）供货网：千米网旗下满足各行业线上和线下供求关系的供销服务平台，是千米网最大的货源支撑方。依托千米网线下分销渠道，提供包括虚拟产品和实物产品的供货分销服务。

2. 业务模式

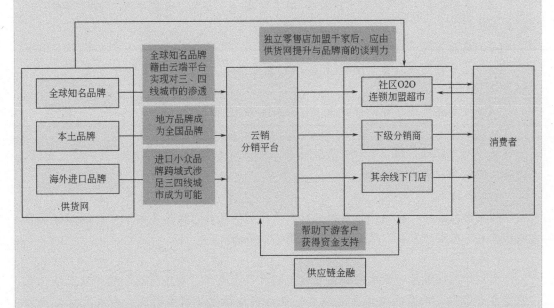

借助千米网供应链平台可快速整合从上游厂家产品到下游终端零售网点（包括线上和线下网点）的所有商务关系（包括交易、仓储、物流等），打通消费品品牌商和终端的销售链条，最终实现社区O2O供应链整合。

借助千米网供应链平台可快速整合从上游厂家产品到下游终端零售网点（包括线上和线下网点）的所有商务关系（包括交易、仓储、物流等），打通消费品品牌商和终端的销售链条，最终实现社区O2O供应链整合。

案例八：顺丰嘿客

顺丰嘿客始于2011年，是以快递物流与O2O实体体验为核心，自营发展的创新综合性便利店，包括快递代收服务、社区电商实体体验、社区综合服务。2015年5月18改名顺丰家，自称为"新概念网购服务社区店"，整合顺丰优选+顺丰家+顺丰金融+顺丰快递+便民服务为一体，成为布局全渠道的O2O社区大平台。

1. 目标客群

主打低端、中端住宅区及办公楼区。

2. 服务内容

线下实体店内，除快递物流业务、虚拟购物外，还具备ATM、冷链物流、试衣间、洗衣、家电维修、话费充值、飞机订票、水电费缴费、寄取快件、团购预售等业务。

3. 业务模式

（1）商业模式：C2B+O2O，利用线下实体体验，结合大数据驱动和圈定客户精准营销定位。

（2）供应模式：零库存、快速物流的低成本、高效率供应模式。

4. 成本分析

（1）店面租金：预算租金上限30～40平方米/天，计划店面规模30～60平方米/间，难安全执行。

（2）店面装修：约15万元/间。

（3）店员配置及工资：10～30m^2/店，2～3人，10万元/年；60平方主/店，5人，36万元/年。

（4）技术成本及日常经营成本：5万～10万元/年。

5. 业务流程

实体店内挑选，线下（现金或刷卡）或线上（扫码登录顺丰优选商品栏）支付，商品快递到店，消费者自取。

6. 案例特点

物流电商互动、商家广告盈利；投入大、回报期长、较难复制；完善O2O布局后续增益大；成本压力大，服务与管理差距难以解决。

7. 盈利性

实体店圈住最后一千米的社区客户，提升线上电商"顺丰优选"的销售业绩，采取"自寄自取"的方式降低物流成本，也为实体店电子商务引流，形成有机良性循环，以商品展示和条形码陈列获取商家支付的广告费。

8. 可复制性

前期开店投入巨大，回报收益期长，考虑顺丰自身快递电商转型升级需求，对于其他类型社区增值服务商而言难以复制。

9. 持续性

通过嘿客作为企业战略布点，为未来企业"顺丰速运、顺丰优选、顺丰移动端布局金融社区O2O服务平台农村及物流"完整的O2O布局奠定基础，成为面向客户的重要一环。

10. 风险性

单店成本过高，随着规模扩张攀升，短期盈利效果不佳，盈利预期不明朗；服务人员缺口大，实体店服务人员缺乏零售服务经验，服务质量难保证；从选址、设计、陈列等缺乏清晰合理的定位，执行效果不理想。

案例九：社区001

社区001是2011年启动，服务于社区，线上下单、线下快速配送的住宅社区在线购物超市。社区001与大型超市合作，通过线上平台和线下自有物流，解决超市对接社区居民的最后1千米难题。以大型超市为据点，通过分销配送获得分成，区域客单量影响大。

1.业务模式

自建最后1千米物流对接大型超市，与具有一定规模的大型超市（例如麦德龙、沃尔玛、卜蜂莲花等）合作，用户线上下单，社区001指派业务员去超市采购，利用自有物流团队配送至用户家中，解决大型超市对接社区居民最后1千米物流的问题。

2.业务卖点

24小时无休；5千米便捷生活圈；零距离购物；1小时配送。

3.业务流程

客户下订单→店面客服电话确认订单内容及送货时间→提货人员取货→配送人员在指定时间内送货。

4.案例特点

销售返点，预售购物卡盈利；核心城市布点，区域扩张快；后续盈利点存疑；无价格优势，自建物流存在经营风险。

5.盈利性

为超市配送分销，通过每单服务销售获得返点；对于单次消费不满100元的，收取6元配送费；通过预售购物卡，实现盈利。

6.可复制性

已进入北京、上海、广州、深圳、武汉、杭州、重庆、南京等十个重点一二线城市，业务发展以大型合作超市为据点，不用考虑商品供应链问题，只根据区域消费客群和日用品消费需求是否充足进行布点，业务拓展较快。

7.持续性

随着重点一二线城市布点逐渐完成，后续盈利发展点不明，业务持续性存疑。

8.风险性

社区001没有供货渠道的价格优势，配送数量少、价格低的日常商品，与社区周边24小时便利店相比没有优势。随着业务覆盖广，客单量大，值守物流人员相应增加,一旦客单量下降,将造成经营困难,业务发展风险高。

案例十:比邻店

比邻店项目开始于2011年,定位是社区周边便利店线上销售平台(网上便利店),以低门槛吸引社区便利店合作,免费为业主提供上门配送商品服务,目标是年轻客户群,以免费登记吸收社区中的小便利店,前期通过让利优惠吸引业主,后期将以电商整合线下服务体系盈利。

1. 业务模式:免费登记,个性化配送服务

社区中小型便利店的商品免费登记上线,平台方不参加提成。20分钟内线下便利店免费配送,通过客户线上系统留言,可以在配送中满足部分如饮料加热或冰镇等个性化要求。不定期宣传和开展优惠活动,费用暂由比邻网承担。

2. 业务流程

根据所在小区,选择附近上线超市或便利店进店挑选商品,达到起送金额,免送货费。店主按照订单内容配货,货到付款,填写收货人、地址和个性需求,提交订单。以社区便利店线上销售和线下配送为卖点,整合并引导商业体系优化。

3. 案例特点

当下配送服务不盈利,未来通过平台整合及商业深化服务盈利;低门槛登记注册,业务复制快;商业深化服务盈利持续性强;"蓄水期"长、同类竞争日益激烈。

4. 盈利性

当下平台无盈利点,未来通过电商整合中小便利店,提供供应链、库存和网络订单等服务,获取收益;完整的社区服务体系和品牌建成后,附带其他服务,吸引商家加盟并收取加盟费。

5. 可复制性

低门槛免费登记注册模式,线下店铺合作铺开迅速,业务覆盖在新建高层小区,客户以喜好零食的年轻人居多。

6. 持续性

除了社区便利店,未来可将业务延展至社区生鲜食品、糕点、鲜花、洗衣店、药

店等领域，推进服务多元化；当规模化平台形成后，通过向上游生产厂家整合渠道资源，提高流通的安全性和效率，有利于获得更多持续商业合作收益。

7. 风险性

盈利依托规模化下专业零售商业服务，"蓄水期"长，社区商品上门配送进入门槛低，鲜蜂网等同类服务商增多，线下资源公开竞争加剧，线下便利店服务质量和货源等信息对接较难把握。

案例小结：重资产投资的周边商业及社区电商，盈利模式难成型，难借鉴。

1. 周边商业

（1）业务延展：围绕社区，打造商业配套体系或周边商业线上平台，受设施服务半径限制，本地化特征强，业务延展能力不足。

（2）复制性：社区周边配套商业受区位、环境等影响，难以形成统一的标准化体系完全照搬复制，低门槛的面向社区商业的平台易于复制推广。

（3）盈利能力：自建自营社区商业，一般以实力雄厚的开发商为主，目前无成熟盈利模式，正尝试资本化运作，线上平台难从零散、经营实力弱的社区商家获得丰厚的平台服务直接受益，盈利模式培育期长。

2. 社区电商

（1）业务延展：围绕社区居民开展各类垂直电商服务，依托线下线上互动，比传统电商具有更优质的服务体验，业务延展性强。

（2）复制性：业务复制推广离不开上游供应、平台管理和后端配送及体验服务三大环节建设，较难快速复制。

（3）盈利能力：商品针对性强、日常需求大的专项社区电商（如社区生鲜电商）利润高，盈利核心源于专业的中间成本控制，外行较难介入，其他类社区电商盈利模式不清晰，与大型综合性电商相比竞争优势不明显，随着大型电商社区布点，难有竞争优势。

（来源：齐鲁晚报，http://www.99wys.cn）

第四章　建立物业微信公众平台

　　微信是腾讯公司于 2011 年 1 月 21 日推出的一个为智能手机提供即时通信服务的免费应用程序，微信支持跨通信运营商、跨操作系统平台通过网络快速发送消息。据报道，目前我国的微信用户已达到 6 亿以上，其普及速度令人惊叹。可以说，现代社会已经全面进入了无"微"不至的信息时代。

　　基于微信用户群的庞大数量，微信的应用范围和功能比较强大，服务于用户有快捷和便利的特点，其在物业服务的推广中具有现实可行的意义。

某物业公司的微信平台

一、微信与微信公众平台介绍

（一）微信

微信可以免费（需消耗少量网络流量）发送语音短信、视频、图片和文字，同时，也可以使用通过共享流媒体内容的资料和基于位置功能的"摇一摇""漂流瓶""朋友圈""公众平台""语音记事本"等服务插件。微信支持多种语言，支持无线局域网（Wi-Fi）以及2G、3G和4G移动数据网络，Android版、ISO版、Windows Phone版、Blackberry版、诺基亚S40版、S60V3版和S60V5版等。

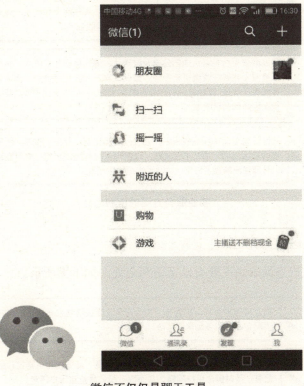

微信不仅仅是聊天工具

（二）微信公众平台

微信公众平台是在微信的基础上新增的功能模块，通过这一平台，可以打造一个微信公众号，可以群发文字、图片、语音三个类别的内容。目前微信公众平台支持计算机和移动互联网网页登录，并可以绑定私人账号进行群发信息。微信公众平台是一个自媒体平台，它是微信系统的重要组成部分，微信整个板块包含个人微信、二维码、公众平台。

二、微信公众平台的优势

一个基于微信的物业管理和社区服务平台能帮助物业公司整合社区资源，营造可持续运营的社区生态体系。从社区居民的角度来说，我们可以让客户随时随地了解物业服务和社区生活资讯，从物业公司的角度来说我们可以实现线上和线下一体化服务，全面提高服务质量，拓展物业的增值服务。

物业的微信运营可以按照三个板块进行分类。

（一）物业服务方面

从物业服务方面来说，按照板块对服务进行分类，会产生很多便利之处。

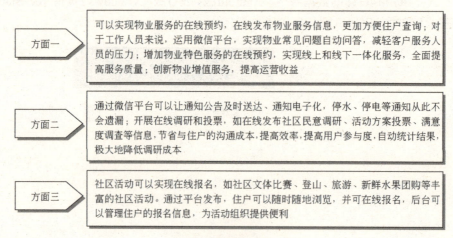

物业服务方面的便利之处

（二）方便社区住户方面

从方便社区住户方面来说主要有以下便利之处，如下图所示。

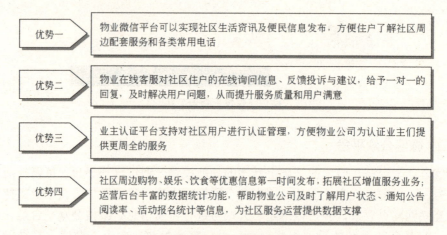

方便社区住户方面的优势

（三）社区电商的角度

从社区电商的角度来说微信公众平台目前拥有下图所示的一些优势。

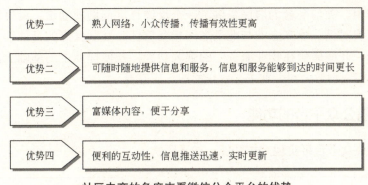

社区电商的角度来看微信公众平台的优势

1. 熟人网络，小众传播，传播有效性更高

微信作为一款手机社交软件，能在短时间被大众所接受，一个主要原因就是其用户来源，基于已有的腾讯用户；同时微信还可以实现跨平台的好友添加，微信用户可以通过访问手机通信录来添加已开通微信业务的朋友和家人。

微信不同于其他社交平台最重要的特点，是其建立的好友圈中均是已经认识的人，建立起来的人际网络是一种熟人网络。其内部传播是一种基于熟人网络的小众传播，其信任度和到达率是传统媒介无法达到的，因此平台能够获取更加真实的客户群。博客的"粉丝"中存在着太多的无关"粉丝"，并不能够真真实实地为你带来几个客户，但是微信就不一样了，微信的用户却一定是真实的、私密的、有价值的，也难怪有的媒体会这样比喻"微信1万个听众相当于新浪微博的100万'粉丝'"，虽然有夸张成分，但却有一定的依据性。

2. 可随时随地提供信息和服务，信息和服务能够到达的时间更长

相对于计算机而言，手机是用户随时都会携带在身上的工具，借助移动端优势，微信天然的社交、位置等优势，会给商家的营销带来很大的方便，同时相对于APP而言，由于不需要下载安装，用户使用更加方便。

3. 富媒体内容，便于分享

新媒体与传统媒体相比的一个显著特点就是移动互联网技术的应用，通过手机等终端可以随时随地浏览资讯、传递消息，碎片化的时间得以充分利用，而微信在这方面可谓做到了极致。微信特有的对讲功能，使得社交不再限于文本传输，而是图片、文字、声音、视频的富媒体传播形式，更加便于分享用户的所见所闻。用户除了使用聊天功能外，还可以通过微信的"朋友圈"功能，通过转载、转发及"@"功能来将内容分享给好友。

4. 便利的互动性，信息推送迅速，实时更新

同时，微信作为一款社交软件，其便利的互动性是区别于其他网络媒介的优势所在。尤其是微信公众平台中，用户可以像与好友沟通一样来与企业公众号进行沟通互动。企业通过微信公众号可以即时向公众推送信息，迅速更新。

微信公众服务如果能在物业管理行业得到推广，对于提升物业服务的品质、品牌和

形象将大有作用。微信平台为居民提供了一个反馈社区问题的通道,实现商家、企业与业主之间的真实对话。建立企业与业主之间相互信任、互联互惠的良性动态。通过免费建设公众平台,开辟微信在物业服务中的强大功能,在便捷业主的基础上,通过服务赢得发展空间,实现物业公司、业主、合作商的三方共赢。

三、物业微信公众平台的功能

物业微信公众平台可实现六大功能,如下图所示。

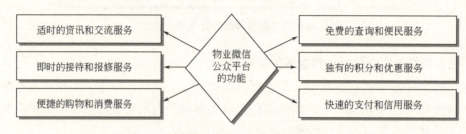

物业微信公众平台的功能

(一)适时的资讯和交流服务

这一服务主要体现在三个方面,如下图所示。

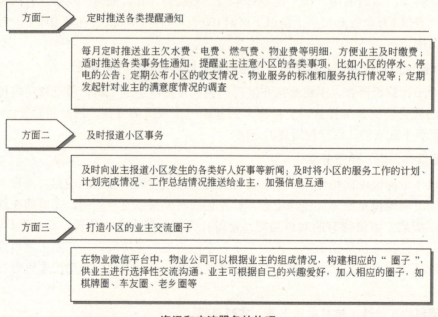

资讯和交流服务的体现

(二)即时的接待和报修服务

物业微信公众平台通过建立"微"客服板块,改变传统的客服接待和报修必须通过电话或亲自前往的模式,业主有任何问题都可以直接在微信上留言,简单的操作即可以

实现报修或投诉接待,而且物业通过后台操作,业主的提问可以得到快速的回复和处理。这一做法将可以解决上班族因早出晚归无法与物业面对面接待的麻烦,也实现了接待报修的简洁化。

(三)便捷的购物和消费服务

物业微信公众平台可以针对业主的需求,广泛征集业主意见,通过与源头商、供应商、生产商的合作,形成合作的模式和渠道,以最低的团购价格或批发价格,提供各类与业主生活息息相关的生活类商品的供应链,在平台上进行展示,以供业主进行挑选与购买,实现在线支付,免费送货上门,构建业主生活最后500米的"微"商城。如组织购买东北大米、无公害蔬菜、非转基因油等商品,既能保证商品的质量,又能保证价格的实惠。

(四)免费的查询和便民服务

物业微信公众平台能提供一系列的免费的便民服务,让业主可以通过一个平台便捷地实现多种需求,如业主可以查询近期的天气趋势,查询快递的发送情况,查询车辆的违章信息,查询水费、电费、燃气费和物业费的缴纳情况,查询小区停水、停电情况,查询设施或设备的突发情况等。

(五)独有的积分和优惠服务

物业微信公众平台可以实现会员制和积分制的运行模式,通过会员制和积分制的运作,让业主享受到更多的、真正的实惠。这一平台可以发起各类针对业主的团购、打折、积分、减免费等一系列的优惠活动,让利于业主。物业公司会搭建起各类消费和服务平台,鼓励业主通过平台进行消费和使用。业主可以通过积分进行返现,也可以通过会员和积分的特权,在达到一定的消费或活动量后减免相应的物业费用,而这一费用实质上是通过平台的业务量,由商家做了承担,最终得益的是业主和物业双方的共赢。

(六)快速的支付和信用服务

物业微信公众平台具有带支付接口,业主可以通过它查询家庭的水费、电费、燃气费、有线电视费、电话费等,并直接进行在线缴费。同时,业主还可以通过支付平台直接缴纳物业费、公共服务费等。另外,还可以通过与银行等金融单位的合作,推出无担保抵押式的即时贷款服务,为急需资金周转的业主实现短期融资,以解业主燃眉之急。支付和信用服务可以省去业主很多时间和资源的浪费,并为业主带来实惠。

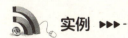

某小区物业微信公众号功能方案

1. 用户绑定

小区住户在公众号上填写姓名、电话、所属楼栋号、楼层、房间号等资料进行注册绑定,物业管理人员在后台查看用户注册信息并审核。

2.物业费查询

物业管理人员在后台导入小区所有用户的物业费信息（包含停车费、物业费、公摊水费、公摊电费等），业主输入自己的注册姓名或手机号即可查询物业费金额并可在线缴纳，如下图所示。

3.报修服务

物业管理人员在后台设置报修种类，例如下水道报修、电路报修等，业主在手机端选择报修类型，填写报修内容并提交，物业管理人员处理后在后台录入处理结果，用户手机微信可收到处理通知。

4.投诉服务

物业管理人员在后台设置投诉问题，例如日常保洁、违规停车、装修噪声、公共设施等，业主在手机端选择投诉类型、填写投诉内容并提交，物业管理人员在后台查看，处理后在后台录入处理结果，用户手机微信可收到处理通知。

5. 小区拼车

有车的业主可在物业微信公众号上发布拼车信息（路线、时间、空余座位数），其他业主可查看并预约拼车。

6. 房屋租赁

业主可在物业微信公众号上发布房屋租赁信息并留下联系方式，业主们在此版块可看到所有人发布的租赁信息，如下图所示。

7. 家政服务

业主在物业微信公众号上发布家政服务信息，可以是招钟点工、护理、保姆等，也可以是为他人提供服务，用户可以看到所有业主发布的信息。

8. 跳蚤市场

用户可将生活中闲置的物品发布在物业微信公众号上，所有业主都可以看到交易信息并联系卖家实现线下的支付交易，促进小区内居民和谐关系。

9. 小区活动

可在物业微信公众号上发布、组织一些活动，业主通过微信报名参加，后台统计报名、参加人数。

10. 通知消息

可通过后台，在物业微信公众号上向所有业主发送各种通知消息，例如停水通知、停燃气通知、停电通知、停车场通知、电梯通知、门禁通知等，用户在手机微信可查收通知消息。此类通知消息不占用公众号每月信息推送4次的限制，每月可发送多次。

处理结果通知：物业收到用户投诉、报修等信息，处理后可在后台录入处理结果，用户手机微信可收到处理信息通知。

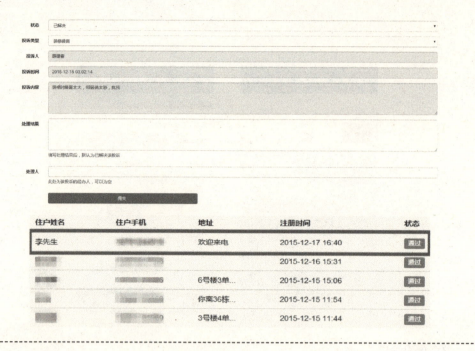

四、物业管理的应对措施

面对扑面而来的"微"时代,面对无法阻挡的"微"力量,物业管理该如何应对?又该如何能做到无"微"不至?业内有关专家认为,物业管理应该借助这股"东风",从几个方面做好准备,迎接"微"时代的物业服务。

(一)打造"微"团队

物业公司应根据信息化时代的要求,组建起相应的团队,以更好地适应"微"服务时代的需求。有关专家指出,物业服务的"微"团队打造应注重两个方面。

1. 后台团队的建设

这是软件设施的建设,要具有相应的微信操作能力的团队,要形成一整套微信平台服务规程和制度,以保证"微"物业服务的有序和平稳运行。

2. 前台团队的建设

前台团队实际是指相应的与微信平台提供的物业服务内容相配套的工作人员。因为微信时代的物业服务已经不是传统的保安、保洁、绿化物业的基本服务,而是会涉及物业管理经营,将会产生相当部分的针对少数业主的个性化或特色化的服务,因此必须有一支过硬的、素质高、精通各专业的"多功能"团队。

(二)寻找"微"供应商

物业服务"微"平台运作的好坏在很大程度上会取决于上游供应商的好坏和信誉,供应商提供的服务会直接面对业主,如果出现商品质量不过关、服务态度不友善、服务水平跟不上等情况,影响到的将是物业公司的可信度和诚信度。因此,物业公司应积极

开展先期调查和筛选，在市场上寻找信誉高、质量优、服务好的合作商，建立长期的合作关系，形成完善的服务供应链，保证物业服务微信平台的稳定和诚信。

（三）开展"微"服务

"微"时代的物业服务才刚刚出现，很多事务并没有现成的经验可以借鉴，这就需要物业公司切实地重视"微"服务。

1.着手建立起"微"服务的考核体系

要通过调整公司的运作模式，建立起与"微"服务相适应的制度体系；要通过制度体系的完善，建立起一套考核监督体系，确保服务过程中的每一个细节都能得到完整的执行和监控。

2.要实施规模化运作

"微"物业服务涉及的很多服务类似于营销类的业务，由于需要让利于业主，让业主得到实惠，其利润空间并不大，所以需要业务达到一定的量才能有相应的利益空间。这就需要物业公司要利用自身的项目优势，集中尽可能多的物业项目，发展尽可能多的微信平台用户，扩大尽可能多的业务量，以弥补物业服务运作的成本，争取相应的收益。

五、如何注册微信公众号

目前公众号注册都是免费的，不需要缴纳费用。

（一）公众号的类型

1.服务号

主要偏向于服务交互（功能类似于12315、114、银行，提供绑定信息及服务交互），每月可群发4条消息。

适用人群：媒体、企业、政府或其他组织。

服务号举例：

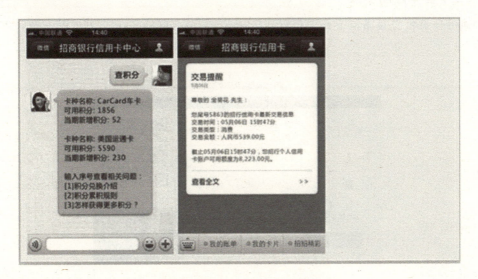

2.订阅号

主要偏向于为用户传达资讯（功能类似于报纸杂志，为用户提供新闻信息或娱乐趣事），每天可群发1条消息。

适用人群：个人、媒体、企业、政府或其他组织。

订阅号举例：

温馨提示

1.如果想用公众号简单地发发消息，做宣传推广服务，建议可选择订阅号。

2.如果想用公众号进行商品销售，建议可选择服务号，后续认证可再申请微信支付商户。

（二）基本注册步骤

通过计算机登录微信公众平台官网：http://mp.weixin.qq.com/，点击右上角的"立即注册"。

填写注册邮箱和设置公众号登录密码。

注意事项：使用未绑定微信的邮箱进行注册。

登录邮箱查看邮件，并激活公众号。

若没有收到邮件，则按以下方法操作。

（1）检查邮箱地址是否正确，若不正确，请返回重新填写。

（2）检查邮箱设置，查看是否设置了邮件过滤，或查看邮件的垃圾箱。

（3）若仍未收到确认，请尝试重新发送（点击页面中的"重新发送"）。

点击邮件中的链接地址，完成激活。

注意事项如下。

（1）如果链接地址无法点击或跳转，请将链接地址复制到其他浏览器（如 IE）的地址栏进入微信公众平台。

（2）链接地址 48 小时内有效，48 小时后需要重新注册。

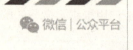

(三)选择适合自身的公众号

进行微信公众号注册时,可根据公众号的用途,具体选择对应的类型,如果企业/媒体/政府/其他组织类型中的信息登记部分资料无法提供,建议您选择注册个人类型的公众号。

(四)注册公众号需要哪些资料

注册公众号需要的资料如下表所列。

注册公众号需要的资料

政府类型	媒体类型	企业类型	其他组织类型	个人类型
政府全称	媒体全称	企业全称	组织全称	运营者身份证姓名
运营者身份证姓名	组织机构代码	营业执照注册号	组织机构代码	运营者身份证号码
运营者身份证号码	运营者身份证姓名	运营者身份证姓名	运营者身份证姓名	运营者手机号码
运营者手机号码	运营者身份证号码	运营者身份证号码	运营者身份证号码	已绑银行卡的微信号
已绑银行卡的微信号	运营者手机号码	运营者手机号码	运营者手机号码	
	已绑银行卡的微信号	已绑银行卡的微信号	已绑银行卡的微信号	
	媒体对公账户	企业对公账户	组织对公账户	

各类型介绍如下。

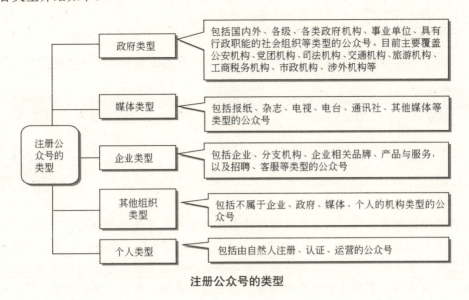

注册公众号的类型

六、建立物业微信公众平台的方法

物业公司首先要找一家合适的微信公众平台,以下以微小区公众平台的使用为例来加以说明。

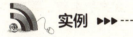

微小区公众平台的使用

一、概述

微小区系统基础结构图如下。

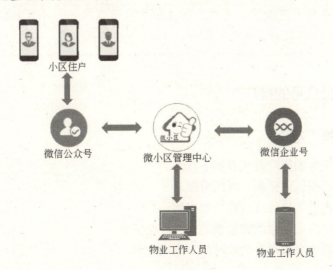

微小区既是物业管理系统，也是专业的物业微信第三方开发平台，所以根据需求的不同，微小区使用可分为快速和完整两种流程。

二、快速使用

不改变原有物业管理系统，仅将微小区作为小区物业微信运营平台使用。

快速使用流程，可以让你在最短时间内体验到微小区的基本功能，只需要几分钟即可设置完成，立即拥有一个功能完备的物业微信公众号。但是由于没有小区的房屋、住户等基本数据，因此很多与物业服务相关的功能不能完整使用。例如物业缴费功能，就需要从原有物业管理系统中导出物业费用表格，然后上传到微小区中，才能实现物业缴费等功能。

如果你是第一次使用微小区，你可以先采用快速使用流程，先建立好你的微信公众号，了解微小区的基本功能，然后逐步完善小区数据，最终使用微小区的全部功能来进行小区管理。

三、完整使用

使用微小区的全部功能，直接管理整个小区事务（包括房屋、住户、车辆、缴费等完整的物业管理功能）。

为了方便物业公司使用微小区，微小区提供了基础数据导入功能，物业公司可以快速导入房屋、住户、车辆等数据，建立微小区基本数据。

建立好微小区基本数据后，物业公司还需要建立相关收费模板，例如物业费模板、车位管理费模板，关联好对应的房屋或车辆后，住户在物业的微信公众号上就可以方便地进行各项费用缴纳。当然，物业公司也可以在添加小区后，先添加收费模板，再完善小区基本数据，也是可以的。

七、物业微信公众号的推广

（一）初期推广方式

物业微信公众号的推广方式有如下几种。
（1）在社区、小区内张贴二维码海报。
（2）在社区内发放信件或进行短信提醒。
（3）召集小区内主动缴纳物业费的业主开会宣传。
（4）社区或联合商家举办活动时扫二维码宣传。

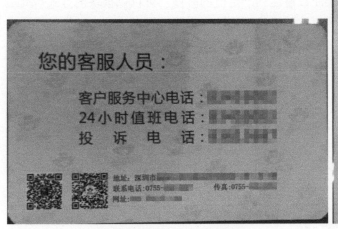
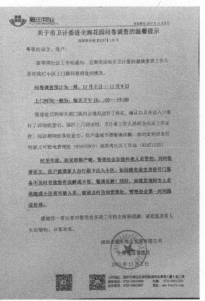

利用名片推广物业公司的微信　　　利用温馨提示推广物业公司的微信

（二）深入推广

为了能更好地推广物业微信公众号，可分两个阶段实施。

1. 第一阶段

第一阶段主要有两个工作要做。

（1）整合物业小区周边的商业、周边的配套。

物业公司应认真做市场调研，把小区周边1千米（个别3千米）的所有商业都整合起来，主要包括餐饮、酒店、娱乐、超市、医疗、美容美发、快递、打字复印等行业，都放到公众平台上面，收集各个商家的优惠政策，及时传递给小区的业主，让业主感受到实实在在的优惠。存在，就得创造价值，物业公司的存在就是为业主创造优惠和便利。物业公司给小区周边的商业提供了展示的平台，就可以相对减少商家在小区里投放纸质广告的数量，方便了业主，还美化了环境。同时，物业公司所做的这些还会提高物业的品牌形象，会使物业有一个好的口碑。物业公司还可和相关行业定期在小区举行联合营销，更把实惠带到业主面前。

（2）广告推广。

物业公司可根据业主的需求或者市场的规律，有选择性地洽谈一些大众口碑好的品牌企业，或者区域性强的本地企业，本着为业主带来利益的原则，在不违反法律、法规、道德的情况下，与企业达成广告推广协议，给业主的生活带来便利。比如大中电器、青年餐厅或者大众汽车等企业。

2. 第二阶段

第二阶段主要也有两个工作要做。

（1）整合房屋租售市场。

挑选有信誉、有实力、有发展的房屋中介机构合作，共同整合区域内的房屋租售市场。

（2）整合平台的模块链接。

当平台内的业主数量也就是关注数量达到一定值的时候，可以以模块的方式和周边有实际需求的企业或者商业开展深层次的合作。比如电影院，可在平台上专为院线开设一个模块，让院线的最新影讯及时传递到业主面前，方便业主选择。

第五章　物业APP手机平台

物业APP是一个手机平台，以物业公司为中心，将业主、物业服务、社区商户整合在一起，通过物业公司的组织协调，最终完成生活消费"最后1千米"服务。

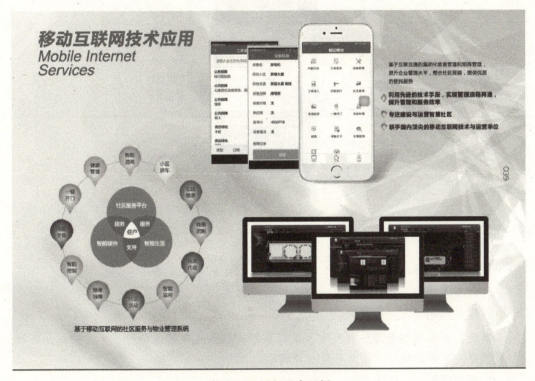

物业APP手机平台示例

一、建立物业APP平台的益处

因为缺乏有效沟通，业主与物业始终存在着各种矛盾。为化解沟通不畅等问题，有必要借助现代化信息手段和移动互联网技术解决沟通难题，利用线上和线下相结合的物业APP沟通平台，实现对物业小区、居民、业主和员工进行标准化管理和服务。

（一）为社区住户带来便捷与实惠

物业APP平台，是基于智能手机平台开发的创新物业服务模式。将物业服务、信息通知、物业缴费、周边商铺、社区活动、社区养老、社区圈子等诸多生活帮助信息及服务整合在一部小小的手机里，为社区住户带来便捷与实惠。

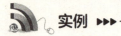 实例

某物业公司的APP平台

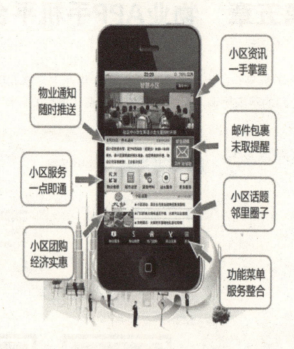

1. 小区资讯

展示小区最新的资讯和动态,让小区居民对小区的活动有全盘的了解。小区资讯详情,将对活动的具体情况,有一个更详尽的描述。

2. 物业通知

由物业公司通过管理后台发布,能将最新的物业通知推送到用户手机桌面,实现物管信息的即时推送,点击即可查看详情。

3. 邮包提醒

将以数字的方式,提醒住户有多少邮包在传达室尚未领取,领取完成后,该数字将自动归零。

4. 小区服务

整合小区所有服务项目,如物业维修、超市送货、计算机维修等,点击图标,即可直接呼叫服务提供商,获取小区周边的商业、生活、维修等方面的服务。

5. 小区团购

这是为小区居民特别推出的团购项目,小区居民只要展示手机客户端,证明你是某小区的住户,即可享受相应的团购优惠;无须出示任何其他手续。

6. 小区话题

即小区论坛,业主可以浏览小区邻居所发表的帖子,业主自己也可以发表新帖,回复其他人的帖子,是小区沟通交流的平台。

7. 功能菜单服务整合

（1）周边优惠

APP将自动定位到住户居住的小区附近，以地图的方式，展示住户小区周边的优惠商家、团购活动等信息。地图上以不同颜色的标签，标注了不同类型的商家。其中褐色标签表示周边餐饮，蓝色标签表示超市购物，绿色标签表示休闲娱乐，紫色标签表示生活服务。户主可以凭客户端，点击地图上的商家图标，便捷地查找商家位置，并在指定商家享受专为"智慧小区"住户提供的专项优惠活动，获得更多超值优惠。

（2）物业缴费

用户可以通过APP实现物业费、停车费的查询和缴纳。

（二）搭建业主与物业间即时沟通的桥梁

物业APP系统将移动互联网技术运用于传统物业管理服务，搭建业主与物业间即时沟通的桥梁，以服务网站、手机APP客户端、官方微信和客服呼叫中心四个平台为载体，最大限度地方便业主使用，业主只要动动手指就可以随时随地找到物业，进行报修求助、查看维修进程、查询反馈是否满意等，可以随时查看小区的通知公告及周边信息。

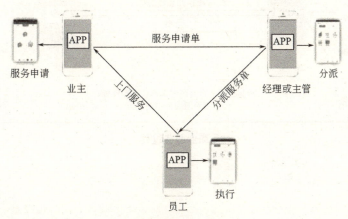

物业服务实现过程

1. 降低物业管理成本

APP带给物业公司的是降低成本，APP平台可完全代替常规的物业收费软件，在功能上更加完善，使用起来也更加方便。同时，APP使用移动终端为载体，可以实现所有派工无纸化，降低办公耗材的使用。工作人员不用再奔波于业主家中与客服中心之间，大大地缩短了工作人员的在途时间。

2. 增加了新的利润点

APP搭建的平台为物业管理带来了新的利润增长点。它集成了社区服务、周边商家、业主基本生活需求等内容，在周边"1千米"微商圈内搭建供需交流平台。业主可以享受安心快捷的生活服务，增进邻里交流；商家可以进行品牌推广和互动营销；物业公司可以借此向多元化管理的盈利模式转型。

在这个平台上,物业公司已经不再单纯地是一家物业公司,而是一家综合性的服务公司。将物业公司具备的资源(人力资源、商业资源、业主资源)进行深度挖掘,物业公司要做的就是组织协调。

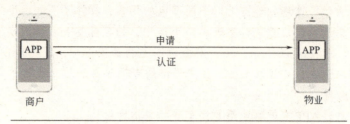

物业公司负责对商户进行认证,并对其提出的投诉进行核实,定期清理评价过低、投诉较多的商户,保证平台的商户质量

商户认证流程

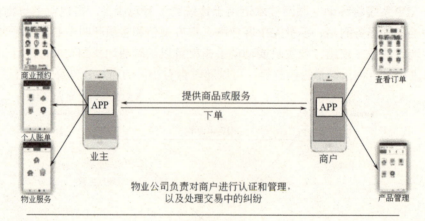

物业公司负责对商户进行认证和管理,以及处理交易中的纠纷

商业服务过程

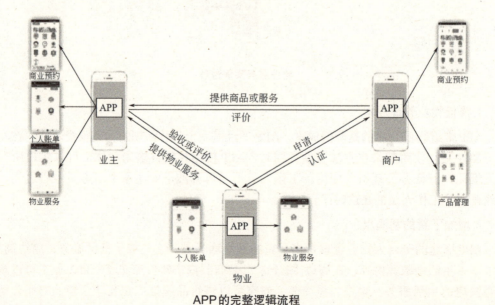

APP的完整逻辑流程

 相关链接

万科推"住这儿"APP,盘活业主O2O价值

万科推出了一款社区生活APP"住这儿",主要用户为万科业主、住户群体,通过"住这儿"打造物业服务、社区交流与商圈服务平台的O2O闭环商业。

"住这儿"的整体框架十分封闭,面向的用户也仅为万科业主,或住在万科的用户,若要成为会员,必须先通过住户认证。

如用户选择在北京→北京万科城→N单元→N房间后,只有用户注册手机号和万科APP登记的万科物业方面留下的手机号对应才可成为APP会员。

在"住这儿"中,用户可以清晰掌握所在小区的最新公告和热点事情,并且可以由住户自己在APP上发起相关活动。值得注意的是,通过该APP,业主可以直接登录万科房屋交易厅,进行相关交易服务,不过该功能目前仅面向注册业主。

此外,万科APP同样整合了社区用户的生活服务产品,入驻用户可以发起帖子和评论。不少养狗经验、美容美发等信息在上面都有分享。

> 对于万科物业的商户,万科"住这儿"APP为此单独打造了"良商乐",集合了附近美食、美发、超市、中介等商家,面对这些商家,万科依靠数据分别推出了"活力排行"和"黑榜"。
>
> 而生活中房屋报修、邮包、投诉等基础功能已经整合进了万科"住这儿"APP。
> (文章来源:亿邦动力网、亿翰智库)

二、物业APP功能模块

系统的主要功能由以下模块构成。

物业APP功能模块组成

各模块主要功能描述如下。

(一)消息交流

1. 社区黄页

在网站上提供社区及周边的各类生活服务信息,方便业主用APP查询热线电话并可以一键拨号,如物业、居委会、家电维修、会所休闲、衣物干洗、快递服务、订餐送水、废品回收、开修换锁、管道疏通、物流搬家等。

2. 分小区的通知发布

实现向分小区业主发布一般通知、公告、紧急通知、节日贺词及注意事项等服务,提高公司信息的传达率。

通知发布分为点击查看和手机微信推送两种形式。

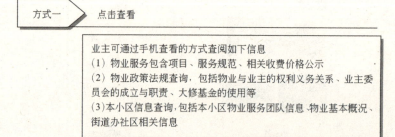

> **方式二** 　手机微信推送
>
> 业主可通过手机微信接收物业推送信息
> （1）针对特定业主的通知推送：实现向特定业主的通知推送，如物业费催交通知等；向重要客户定期发送温馨提示、新闻简讯、节日生日祝福、天气预报等信息
> （2）定期发送信息：定期通过客户端向业主发送满意度调查问卷，业主填写完毕进行提交，数据库则根据提交信息自动形成满意度分析报告

通知发布的两种方式

（二）故障报修

故障报修功能模块下又细分为多个子模块，如下图所示。

> **模块一** 　故障报修
>
> （1）电话报修。业主打开报修菜单，选择电话报修，软件中会显示该项目部维修人员的联系电话，业主选择维修人员电话，由软件建立拨号通话链接，直接进行电话报修（在客服中描述为派工制）
> （2）发送信息报修。业主选择发送信息报修菜单，通过手机编辑文字（可设置快捷拍照功能，对需维修的地方进行拍照上传、便于维修人员了解情况），将需报修的信息提交至客户服务中心，由客户服务中心统一受理，并将受理结果（包含责任人、到场时间、收费标准）反馈给业主

> **模块二** 　维修响应
>
> 客户服务中心根据业主发送的报修信息，在系统中选择对应的维修工实施派工，将维修信息发送至维修工的客户端。维修工收到派工信息后（必要时与业主提前电话联络），在客户端进行确认，客户端自动将派工信息反馈至业主。反馈信息包括到场时间、到场人员、联系方式、收费标准等

> **模块三** 　预约维修
>
> 预约维修的报送流程与故障报修流程相同，业主可通过客户端将预约维修的相关需求进行编辑，预约维修内容可以超出常规性维修范围。客户服务中心在收到业主的预约信息后，对报修信息进行审核，可通过电话沟通的方式对业主需求进行详细了解

> **模块四** 　维修反馈
>
> 维修工完成维修后，引导业主在客户端上对本次服务进行评价，评价信息将直接发送至客户服务中心
> （1）服务完毕，业主通过平台软件对本次服务进行评价，评价结果作为公司对员工的考核依据
> （2）每完成一次维修服务，软件会自动将本次服务情况储存进数据库，客服人员根据服务派工信息定期进行电话回访，并将回访结果录入数据库。数据库在定期内自动形成客户服务数据分析报告（包括次数、完好率、满意率等）

故障报修功能模块的细分

(三)咨询服务

1.接受业主的咨询

在菜单内显示相应的咨询、投诉联系电话和受理人,业主通过电话号码链接接通客户服务中心电话。

在菜单内加入在线客服功能,业主可以进行在线(类似QQ、微信聊天)咨询、投诉,第一时间与客服人员进行沟通。

在数据库中加入物业政策法规、价格公示、服务流程、服务标准等信息,业主通过搜索关键字,可以通过软件平台进行查阅。

2.接受业主的投诉及建议

实现客户意见或建议的直接接收(可根据业主身份,设置客户级别,不同级别的客户享受不同级别的接待人),通话过程中可以对通话内容进行录音,并可实时反馈及跟踪,持续改进服务质量,提升客户满意度。

投诉仅限于一对一的方式,不可发帖串联等。

3.信息反馈、回访

(1)业主发送需求信息后,客户服务中心经过受理(内部流程由物业公司结合自身情况制定),将派工信息(上门时间、维修人员、收费标准等)通过软件平台发送给业主(或采取电话联系的方式)。服务完毕,业主通过平台软件对本次服务进行评价,评价结果作为公司对员工的考核依据。

(2)业主完成信息反馈后,软件会显示该项物业服务的办理进度,相关权限人可以查看办理进度,便于跟踪掌握员工的工作情况和服务质量。

(3)每完成一次物业服务,软件会自动将本次服务情况储存进数据库,客服人员根据服务派工信息定期进行电话回访,并将回访结果录入数据库。数据库在定期内自动形成客户服务数据分析报告(包括次数、完好率、满意率等)。

4.售后服务

(1)客户服务中心在规定时间内对业主进行电话回访,客服专员及时将回访结果录入数据库。

(2)业主在客户端发送的派工评价和电话回访评价都将在系统中显示,相关权限人可以查阅。

(3)定期通过客户端向业主发送满意度调查问卷,业主填写完毕后进行提交,数据库则根据提交信息自动形成满意度分析报告。

(4)对投诉电话和回访电话进行录音,客户服务中心负责人和公司高层可以通过电话录音对服务质量和员工工作情况进行抽查。

以投诉响应和电话回访为主要形式,再结合定期的满意度调查问卷。

(四)物业交费

(1)费用查询:实现管理费、暖气费、热水费等物业费用的查询。

(2)可以查本业主的应缴、已缴、未到期等费用。

(3) 也可查本小区应公布的相关公共费用收支情况，如大修基金等。
(4) 必要时还可以设置公布欠费黑名单等。
(5) 费用提示及催缴。

① 缴费提示：根据业主的缴费信息，在数据库系统设置自动缴费提醒，将业主的缴费日期、应缴金额发送至业主。

② 费用催缴：根据系统显示的业主欠费信息，挑选欠费金额较大的业主，通过软件平台发送催费函。

（五）延伸服务

延伸服务可涵盖以下服务，如下图所示。

服务项目	服务内容
上门有偿维修	通过清单式服务列表，明码标价，向业主提供快速便捷的入户有偿维修服务，如家庭内部电路维修、家庭内部水路维修等
家政服务	通过清单式服务列表，明码标价，向业主提供家政服务，如卫生打扫、油烟机清洗、擦玻璃等
其他费用代收代缴	通过与其他收费平台对接，为用户提供水费、电费、燃气费、通信费、热源费等代收代缴服务
家电维修	向客户提供家电故障检测及维修服务
便民查询	通过其他查询平台信息接入，向客户提供快递、公交线路、车辆违章、常用电话、生活常识、新闻资讯等查询服务
预订服务	通过其他平台信息接入，向客户提供飞机票、火车票、电影票、演唱会门票等的预订服务，还可以延伸至餐厅预订、外卖预订、KTV 预订等其他服务
定期探访	对独居"空巢"老人可按设定定期登门探访
约定服务	按老人或子女约定，实现送菜、送餐、送医以及老人保洁等有偿服务
约定老人聚会服务	按老人或子女约定，实现对老人室外活动、老人聚会的辅助服务
二手商品转让	可以在二手商品市场发布转让或者求购信息

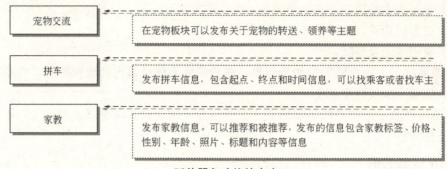

延伸服务功能的内容

（六）物业管理

1. 业主信息管理

在软件平台设置注册菜单，业主通过注册，设置账号和密码，在注册过程中填写业主相关身份信息和住宅信息。客户服务中心通过业主填写的信息与历史数据进行核对，及时更新、完善业主信息，通过数据库建立业主信息电子档案。

2. 客户服务中心管理

客户服务中心设置专职人员负责软件平台的运营维护工作，配置如下。

（1）信息管理员1名，负责软件系统的管理、维护；信息的汇整、发送；业主档案资料的管理工作。

（2）客服专员1名，负责服务热线接听，在线受理咨询、投诉；维修派工、服务回访工作等。

3. 维修员工管理

将各项目部的维修工个人信息和联系方式录入数据库中，客户服务中心根据业主发送的报修信息，在系统中选择对应的维修工实施派工，将维修信息发送至维修工的客户端。

4. 信息查询权限管理

业主通过软件平台所发送的所有信息都将被储存进客户服务中心的数据库，根据物业公司行政职级和职责，设定不同的信息浏览权限。浏览权限设置如下。

（1）公司领导层可以浏览所有信息，可以根据信息内容直接做出批示并部署相关工作。

（2）相关部门（项目部）负责人可以浏览与自身职责相关的信息。

（3）客户服务中心工作人员可以浏览所有信息，但无法对信息进行人工筛选和过滤。业主所发送的所有信息都将通过数据库自动发送至相关权限人。

（4）业主可以通过软件平台浏览已发送信息的办理进度和客户服务中心的反馈信息。

5. 其他

（1）由客户服务中心信息管理员负责信息的维护工作。

（2）延伸服务及商户管理。

（3）公司自营的延伸服务。

（4）签约商户的延伸服务。

（5）有偿服务的清算。

现代物业服务体系
实操系列

物业网络管理与安防设施指南

物业安防设施管理

02

第一章　安防系统的认识

安全防范是指在建筑物或建筑群内（包括周边地域），或特定的场所、区域，通过采用人力防范、技术防范和实体防范等方式综合实现对人员、设备、建筑或区域的安全防范。

物业公司可以通过设置防盗报警、门禁、停车场管理、巡更、视频监控等既可独立运行，又可统一协调管理的多功能、全方位、立体化安防自动化管理系统，从而建立起一套完善的、功能强大的技术防范体系，以满足物业小区对安全和管理的需要，配合人员管理，实现人防与技防的统一与协调。

一、安全防范的三种基本手段

安全防范是包括人力防范、实体防范和技术防范三方面的综合防范体系，如下图所示。

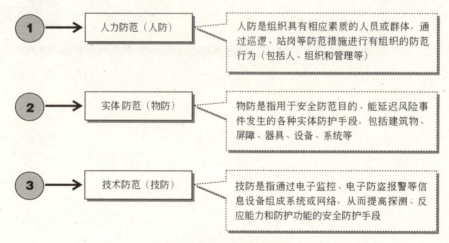

安全防范的三种基本手段

对于保护建筑物目标来说，人力防范主要有保安站岗、人员巡更、报警按钮、有线和无线内部通信；实体防范主要是实体防护，如周界栅栏、围墙、入口门栏等；而技术防范则是以各种现代科学技术，通过运用技防产品、实施技防工程手段，以各种技术设备，集成系统和网络来构成安全保障的屏障。

二、安全防范系统的功能

一个完整的安全防范系统应具备以下功能。

（一）图像监控功能

图像监控功能包括下图所示方面。

- **视频监控**：采用各类摄像机、切换控制主机、多屏幕显示、模拟或数字记录装置、照明装置，对内部与外界进行有效的监控，监控部位包括要害部门、重要设施和公共活动场所

- **影像验证**：出现报警时，显示器上显示出报警现场的实况，以便直观地确认报警，并做出有效的报警处理

- **图像识别系统**：在读卡机读卡或以人体生物特征作凭证识别时，可调出所存储的员工相片加以确认，并通过图像扫描比对鉴定来访者

图像监控功能

（二）探测报警功能

探测报警功能如下图所示。

- **内部防卫探测**：所配置的传感器包括双鉴移动探测器、被动红外探测器、玻璃破碎探测器、声音探测器、光纤回路、门接触点及门锁状态指示等

- **周界防卫探测**：精选拾音电缆、光纤、惯性传感器、地下电缆、电容型感应器、微波和主动红外探测器等探测技术，对围墙、高墙及无人区域进行保安探测

- **危急情况监控**：工作人员可通过按动紧急报警按钮或在读卡机上输入特定的序列密码发出警报。通过内部通信系统和闭路电视系统的联动控制，将会自动地在发生报警时产生声响或打出电话，显示和记录报警图像

- **图形鉴定**：监视控制中心自动地显示出楼层平面图上处于报警状态的信息点，使值班操作员及时获知报警信息，并迅速、有效、正确地进行接警处理

探测报警功能

（三）控制功能

控制功能如下图所示。

功能一 对于图像系统的控制

最主要的是图像切换显示控制和操作控制，控制系统结构包括中央控制设备对摄像前端——对应的直接控制，中央控制设备通过解码器完成的集中控制，新型分布式控制

功能二 识别控制

（1）门禁控制。可通过使用 IC 卡、感应卡、威根卡、磁性卡等卡片对出入口进行有效的控制。除卡片之外还可采用密码和人体生物特征。对出入事件能自动登录存储
（2）车辆出入控制。采用停车场监控与收费管理系统，对出入停车场的车辆通过出入口栅栏和防撞挡板进行控制
（3）专用电梯出入控制。安装在电梯外的读卡机限定只有具备一定身份者方可进入，而安装在电梯内部的装置，则限定只有授权者方可抵达指定的楼层

功能三 响应报警的联动控制

这种联动逻辑控制，可设定在发生紧急事故时关闭控制室、主门等出入口，提供完备的保安控制功能

控制功能

（四）自动化辅助功能

自动化辅助功能如下图所示。

| 内部通信 | 内部通信系统提供中央控制室与员工之间的通信功能。这些功能包括召开会议、与所有工作站保持通信、选择接听的副机、防干扰子站及数字记录等，它与无线通信、电话及闭路电视系统综合在一起，能更好地行使鉴定功能 |

| 双向无线通信 | 双向无线通信为中央控制室与动态情况下的员工提供灵活而实用的通信功能，无线通信机也配备了防袭报警设备 |

| 有线广播 | 矩阵式切换设计，提供在一定区域内灵活地播放音乐、传送指令、广播紧急信息 |

| 电话拨打 | 在发生紧急情况下，提供向外界传送信息的功能。当手提电话系统有冗余时，与内部通信系统的主控制台综合在一起，提供更有效的操作功能 |

| 巡更管理 | 巡更点可以是门锁或读卡机，巡更管理系统与闭路电视系统结合在一起，检查巡更员是否到位，以确保安全 |

员工考勤	读卡机能方便地用于员工上下班考勤，该系统还可与工资管理系统联网
资源共享与设施预订	综合保安管理系统与楼宇管理系统和办公室自动化管理系统联网，可提供进出口、灯光和登记调度的综合控制，以及有效地共享会议室等公共设施

自动化辅助功能

三、安全防范系统的构成

安全防范系统的构成如下图所示。

构成一	入侵报警系统
	利用传感器技术和电子信息技术探测并指示非法进入或试图非法进入设防区域的行为，处理报警信息、发出报警信息的电子系统或网络
构成二	视频安防监控系统
	利用视频技术探测、监视设防区域并实时显示、记录现场图像的电子系统或网络（这里的视频安防监控系统不同于一般的工业电视或民用闭路电视系统，它是特指用于安全防范的目的，通过对监视区域进行视频探测、视频监控、控制、图像显示、记录和回放的视频信息系统或网络）
构成三	出入口控制系统
	利用自定义符识别或模式识别技术对出入口目标进行识别并控制出入口执行机构启闭的电子系统或网络
构成四	电子巡查系统
	对保安巡查人员的巡查路线、方式及过程进行管理和控制的电子系统
构成五	停车场（库）管理系统
	对进出停车场的车辆进行自动登录、监控和管理的电子系统或网络
构成六	安全管理系统
	对入侵报警、视频安防监控、出入口控制等子系统进行组合或集成，实现对各子系统的有效联动、管理和／或监控的电子系统

安全防范系统的构成

四、住宅小区安全技术防范系统要求

《住宅小区安全技术防范系统要求（2010版）》规定了住宅小区（以下简称小区）安全技术防范系统的要求，是小区安全技术防范系统设计、施工和验收的基本依据。其系统技术要求，如下所示。

（一）基本要求

（1）安全技术防范系统应与住宅小区的建设进行综合设计、同步施工、独立验收，同时交付使用。

（2）住宅小区安全技术防范工程程序应符合GA/T 75的规定，安全防范系统的设计原则、设计要素、系统传输与布线，以及供电、防雷与接地设计应符合GB 50348—2004第3章的相关规定。

（3）安全技术防范系统中使用的设备和产品，应符合国家法律法规、现行强制性标准和安全防范管理的要求，并经安全认证、生产登记批准或型式检验合格。

（4）住宅小区安全技术防范系统的设计宜同本市监控报警联网系统的建设相协调、配套，作为社会监控报警接入资源时，其网络接口、性能要求应符合GA/T 669.1等相关标准要求。

（5）各系统的设置、运行、故障等信息的保存时间应≥30天。

（6）住宅小区安全技术防范系统基本配置应符合下表的规定。

住宅小区安全技术防范系统基本配置

序号	项目	设施	安装区域或覆盖范围	配置要求
1	周界报警系统	入侵探测装置	小区周界（包括围墙、栅栏、与外界相通的河道等）	强制
2			不设门卫岗亭的出入口	强制
3			与住宅相连，且高度在6米以下（含6米），用于商铺、会所等功能的建筑物（包括裙房）顶层平台	强制
4			与外界相通用于商铺、会所等功能的建筑物（包括裙房），其与小区相通的窗户	推荐
5		控制、记录、显示装置	监控中心	强制
6	视频安防监控系统	彩色摄像机	小区周界	推荐
7			小区出入口[含与外界相通用于商铺、会所等功能的建筑物（包括裙房），其与小区相通的出入口]	强制
8			地下停车库出入口（含与小区地面、住宅楼相通的人行出入口）、地下机动车停车库内主要通道	强制
9			地面机动车集中停放区	强制
10			别墅区域机动车主要道路交叉路口	强制
11			小区主要通道	推荐
12			小区商铺、会所与外界相通的出入口	推荐

续表

序号	项目	设施	安装区域或覆盖范围	配置要求
13	视频安防监控系统	彩色摄像机	住宅楼出入口[4户住宅（含）以下除外]	强制
14			电梯轿厢[2户住宅（含）以下或电梯直接进户的除外]	强制
15			公共租赁房各层楼梯出入口、电梯厅或公共楼道	强制
16			监控中心	强制
17		控制、记录、显示装置	监控中心	强制
18	出入口控制系统	楼寓（可视）对讲系统	管理副机	小区出入口	强制
19			对讲分机	每户住宅	强制
20				多层别墅、复合式住宅的每层楼面	强制
21				监控中心	推荐
22			对讲主机	住宅楼栋出入口	强制
23				地下停车库与住宅楼相通的出入口	推荐
24			管理主机	监控中心	强制
25		识读式门禁控制系统	出入口凭证检验和控制装置	小区出入口	推荐
26				地下停车库与住宅楼相通的出入口	强制
27				住宅楼出入口、电梯	推荐
28				监控中心	强制
29			控制、记录装置	监控中心	强制
30	室内报警系统	入侵探测器	装修房的每户住宅（含复合式住宅的每层楼面）	强制
31			毛坯房一、二层住宅，顶层住宅（含复合式住宅每层楼面）	强制
32			别墅住宅每层楼面（含与住宅相通的私家停车库）	强制
33			裙房顶层平台起一、二层住宅	强制
34			水泵房和房屋水箱部位出入口、配电间	强制
35			小区物业办公场所，小区会所、商铺	推荐
36		紧急报警（求助）装置	住户客厅、卧室	强制
37			卫生间	推荐
38			小区物业办公场所，小区会所、商铺	推荐
39			监控中心	推荐
40		控制、记录、显示装置	安装入侵探测器的住宅	强制
41			多层别墅、复合式住宅的每层楼面	强制
42			小区物业办公场所，小区会所、商铺	推荐
43			监控中心	强制

续表

序号	项目	设施	安装区域或覆盖范围	配置要求
44	电子巡查系统	电子巡查钮	小区周界、住宅楼周围、地下停车库、地面机动车集中停放区、水箱（池）、水泵房、配电间等重要设备机房区域	强制
45		控制、记录、显示装置	监控中心	强制
46	实体防护装置	电控防盗门	住宅楼栋出入口（别墅住宅除外）	强制
47		内置式防护栅栏	与小区外界相通的商铺、会所（包括裙房）等，其与小区或住宅楼栋内相通的一、二层窗户	强制
48			住宅楼栋内一、二层公共区域与小区相通的窗户	强制
49			与小区相通的监控中心窗户	推荐
50			与小区外界相通的监控中心窗户	强制

（二）周界报警系统要求

（1）系统的前端应选用不易受气候、环境影响，误报率较低的入侵探测装置。

（2）当系统的前端选用无物理阻挡作用的入侵探测装置时，应安装摄像机，通过视频监控与报警的联动，对入侵行为进行图像确认、复核。系统的联动、图像确认、复核、记录等应符合"视频安防监控系统要求"的相关规定。

（3）系统的防区应无盲区和死角，且应24小时设防。

（4）系统的防区划分，应有利于报警时准确定位。各防区的距离应按产品技术要求设置，且最大距离应≤70米。

（5）实体墙、栅栏围墙、与住宅相连的裙房顶层平台，宜在墙或裙房外沿顶端安装入侵探测装置。

（6）张力式电子围栏入侵探测装置的系统报警响应时间应≤5秒，其他类型入侵探测装置的报警响应时间应≤2秒。

（7）系统报警时，小区监控中心应有声光报警信号。周界报警系统报警主机应符合"小区监控中心报警主机"的要求，并应在模拟显示屏或电子地图上准确标识报警的周界区域。

（8）周界报警系统可与室内报警系统共用报警主机。

（9）系统的其他要求应符合GB 50394的规定。

（三）视频安防监控系统要求

（1）摄像机安装基本要求如下。

① 出入口、通道应安装固定焦距摄像机。

② 监控区域应无盲区，并应避免或减少图像出现逆光现象。

③ 固定摄像机的安装指向与监控目标形成的垂直夹角宜≤30度，与监控目标形成的水平夹角宜≤45度。

④ 摄像机工作时，监控范围内的平均照度应≥50勒克斯，必要时应设置与摄像机指向一致的辅助照明光源。

⑤ 摄像机应采用稳定、牢固的安装支架，安装位置应不易受外界干扰、损伤，且应不影响现场设备运行和人员正常活动。

⑥ 带有云台、变焦镜头控制的摄像机，在停止云台、变焦操作（2.0±0.5）分钟后，应自动恢复至预置设定状态。

⑦ 室外摄像机应采取有效的防雷击保护措施。

（2）小区出入口摄像机的安装应符合以下要求。

① 摄像机朝向应一致向外。

② 人行道、机动车行道应分别安装摄像机。

③ 每条机动车行道至少应安装一台摄像机。

（3）同一建筑物所有与外界相通的出入口（含楼梯出入口）、建筑物内同一个层面所有通（楼）道，摄像机的安装朝向应一致。

（4）设于小区内的地下停车库机动车辆出入口的摄像机朝向应一致向内。

（5）电梯轿厢的摄像机应安装在电梯轿厢门体上方一侧的顶部或操作面板上方，且应配置楼层显示器。

（6）视频监控图像24小时内均应符合以下要求。

① 小区周界的视频图像应清晰显示人员的体貌及行为特征。

② 小区出入口进出人员的面部有效画面宜≥显示画面的1/60，并应清晰地显示进出人员面部特征和/或机动车牌号。

③ 设于小区内的地下停车库车辆出入口，应清晰地显示进出的机动车牌号和走进（出）人员的体貌及行为特征。

④ 地下停车库与小区地面及住宅楼相通的人行出入口、地下非机动车停车库与地面相通的出入口、住宅楼出入口，以及小区商铺、会所与外界相通的出入口，应清晰地显示进出人员面部特征。

⑤ 地面机动车集中停放区、地下机动车停车库主要通道、别墅区域机动车主要道路交叉路口、小区主要通道，应清晰地显示过往人员的体貌行为特征和机动车的行驶情况。

⑥ 公共租赁房各层楼梯出入口、电梯厅或公共楼道，应清晰地显示过往人员的体貌行为特征。

（7）摄像机在标准照度下，视频安防监控系统图像质量主观评价≥GB 50198—1994规定的评分等级4级的要求。系统显示水平分辨力宜≥350 TVL（transmission line pulsing，电视线，也叫电视行）。

（8）系统所有功能的控制响应时间、图像信号的传输时间不应有明显延时。

（9）具备视频监控与报警联动的系统，当报警控制器发出报警信号时，监控中心的图像显示设备应能联动切换出与报警区域相关的视频图像，并全屏显示。其联动响应时间应≤2秒。

（10）视频图像应有日期、时间、监视画面位置等的字符叠加显示功能，字符叠加应不影响对图像的监视和记录回放效果。字符时间与标准时间的误差应在±30秒以内。

（11）系统具有16路以上的视频图像在单屏多画面显示的同时，应按≥摄像机总数

1/16（含）的比例另配图像显示设备，对其中重点图像（例如出入口）进行固定监视或切换监视。操作员与屏幕之间的距离宜为监视设备屏幕对角线尺寸的3～6倍。

（12）应配置数字录像设备，对系统所有摄像机摄取的图像进行24小时记录。数字录像机设备应符合GB 20815—2006标准中Ⅱ类、Ⅲ类A级机的要求，图像信息保存时间和回放应同时符合以下要求：

① 以25帧/秒的帧速记录的图像保存时间应≥10天。
② 以2帧/秒的帧速记录的图像保存时间应≥30天。
③ 图像记录应在本机播放，或通过其他通用设备在本地进行联机播放。

（13）系统由多台数字录像设备组成并同时运行时，在确保图像不丢失的前提下，宜配置统一时钟源对所有数字录像设备进行时钟同步。

（14）系统宜采用智能化视频分析处理技术，具有虚拟警戒、目标检测、行为分析、视频远程诊断、快速图像检索等功能。

（15）系统终端宜留有上传图像信息的标准接口，并公开通信协议。

（16）系统其他要求应符合GB 50395的规定。

（四）出入口控制系统要求

1. 楼寓（可视）对讲系统要求

（1）小区出入口的管理副机应能正确选呼小区内各住户分机，并应听到回铃声。

（2）楼栋出入口和地下机动车车库与住宅楼相通的出入口的对讲主机应能正确选呼该楼栋内任一住户分机，并应听到回铃声。

（3）别墅住宅应选用楼寓可视对讲系统，且当别墅住宅内有多个对讲分机时，至少应有1个具备可视对讲功能。

（4）其他住宅宜选用楼寓可视对讲系统。

（5）楼寓（可视）对讲系统的通话语音应清晰，图像能分辨出访客的面部特征，开锁功能应正常，提示信息应可靠、及时、准确。

（6）楼寓可视对讲系统的对讲分机宜具有访客图像的记录、回放功能，图像记录存储设备的容量宜≥4G。

（7）住宅楼单元门的电控防盗门，应以钥匙或识读式感应卡和通过住户分机遥控等方式开启。不应以楼栋口对讲主机数字密码按键方式开启电控防盗门。

（8）管理主机应能与小区出入口的管理副机、楼栋口的对讲主机及住户对讲分机之间进行双向选呼和通话。

（9）每台管理主机管控的住户数应≤500户，以避免音（视）频信号堵塞。

（10）管理主机应有访客信息（访客呼叫、住户应答等）的记录和查询功能，以及异常信息（系统停电、门锁故障时间、单元电控防盗门开启状态的持续时间≥120秒等）的声光显示、记录和查询功能。信息内容应包括各类事件日期、时间、楼栋门牌号等。

2. 识读式出入口控制系统要求

（1）识读式出入口控制系统应根据小区安全防范管理的需要，按不同的通行对象及其准入级别进行控制与管理，对人员逃生疏散口的识别控制应符合GB 50396—2007第

9.0.1条第2款的相关规定。

（2）出入口控制器应设置在受控门以内。

3.其他

（1）小区出入口、地下机动车车库出入口宜安装防冲撞道闸，并应有清晰的警示标志。道闸应有防止由于误操作造成伤人、砸车等事故发生的安全措施。

（2）系统其他要求应符合GA/T 72、GA/T 678、GB 50396—2007的规定。

（五）室内报警系统要求

1.选用和安装

入侵探测器的选用和安装应确保对非法入侵行为及时发出报警响应，探测范围应有效覆盖住宅与外界相通的门、窗等区域，但同时应避免或减少因室内人员正常活动而引起误报的情况发生。

2.报警防区的设置

报警防区的设置应符合以下要求。

（1）每户的每个卧室、客厅（起居室）、书房等区域应分别独立设置报警防区。

（2）与别墅住宅相通的私家车车库应独立设置报警防区。

（3）住宅内相邻且同一层面的厨房、卫生间等可共用一个报警防区。

（4）紧急报警（求助）装置可共用一个报警防区，但串接数≤4个。

（5）水泵房和房屋水箱部位出入口、配电间、电信机房、燃气设备房等重要机房应分别独立设置报警防区。

（6）防盗报警控制器的防区数应满足防区设置的需要。

（7）防盗报警控制器、操作键盘应设置在防区内。

3.报警信号

（1）住宅内入侵探测器报警信号可采用有线或无线方式传输。

（2）紧急报警信号应采用有线方式传输。

（3）住宅与监控中心的报警联网信号应采用专线方式传输。

4.防盗报警控制器

（1）住宅内防盗报警控制器应能通过操作键盘按时间、部位任意设防和撤防；紧急报警防区应设置为不可撤防模式；无线入侵探测器应有欠压报警指示功能。

（2）防盗报警控制器操作键盘宜安装在便于操作的部位。在满足基本配置要求的前提下，可以根据需要增加防盗报警控制器操作键盘，并统一控制所有防区，或分别控制不同防区。

（3）当住宅内选用含有楼寓（可视）对讲设备的报警控制器操作键盘时，其报警部分应符合GB 12663的要求，楼寓（可视）对讲部分应符合GA/T 72的要求。设备和系统传输网络均应采用防止信号干扰影响的物理隔离措施。

（4）以毛坯房交付的住宅，除一、二层及顶层住宅外，其他住宅应预留与监控中心报警联网的信号接口。

5.报警主机

小区监控中心报警主机应符合以下要求。

（1）应有显示（声光报警）、存储、统计、查询、屏蔽（旁路）、巡检和打印输出各相关前端防盗报警控制器发来的信息的功能，信息应包括周界防区、各住户和相关用户的名称、部位、报警类型（入侵报警、求助、故障、欠压等）、工作状态（布防、撤防、屏蔽、自检等）所发生的日期与时间。

（2）应具备支持多路报警接入、处理多处或多种类型报警的功能。

（3）应有密码操作保护和用户分级管理功能。

（4）应配置满足系统连续工作≥8小时的备用电源。

（5）无线和总线制入侵报警系统报警响应时间应≤2秒，电话线报警响应时间应≤20秒。

（6）应留有与属地区域安全防范报警网络的联网接口。

6.其他要求

系统其他要求应符合GB 50394的规定。

（六）电子巡查系统要求

（1）电子巡查系统设置应符合以下要求。

① 在小区的重要部位及巡查路线上设置巡查点，巡查钮或读卡器设置应牢固。

② 巡查路线、时间应根据需要进行设定和修改。

③ 能通过计算机查阅、打印各巡查人员的到位时间，具有对巡查时间、地点、人员和顺序等数据的显示、归档、查询和打印等功能。

④ 具有巡查违规记录的提示。

（2）采集器数量配置数应≥2个。

（3）采用在线式巡查系统，应对保安人员进行实时监督、记录。

（4）当发生漏巡查或未按规定时限巡查时，系统终端应有报警功能。

（5）系统其他要求应符合GA/T 644的规定。

（七）监控中心要求

1.监控中心的配置

（1）监控中心宜独立设置，面积宜≥20平方米。

（2）监控中心设在门卫值班室内的，应设有防盗安全门与门卫值班室相隔离。

（3）监控中心应配备有线、无线通信联络设备和消防设备。

（4）监控中心的入侵报警系统、视频安防监控系统、出入口控制系统的终端接口及通信协议应符合国家现行有关标准规定，可与上一级管理系统进行更高一级的集成。

（5）监控中心室内宜设置空调设施，且应具有良好的照明和通风环境。温度宜为17～27摄氏度，相对湿度宜为30%～65%，照明应≥200勒克斯。

2.监控中心设备布置

监控中心设备布置应符合以下要求。

（1）各设备在机房内的布置应符合"强弱电分排布放、系统设备各自集中、同类型机架集中"的原则。

（2）机柜（架）设备排列与安放应便于维护和操作，各系统的设计装机容量应留有适当的扩展冗余，机柜（架）排列和间距应符合GB 50348—2004中3.13.10及3.13.11的相关规定，且安装的设备具有良好的通风散热措施。

3. **机房布线**

机房布线应符合以下要求。

（1）便于各类管线的引入。

（2）管线宜敷设在吊顶内、地板下或墙内，并应采用金属管、槽防护。

（3）监控中心设置在地下室，管线引入时应做防水处理。

（4）金属护套电缆引入监控中心前，应先做接地处理后再引入。

（5）监控中心的线缆应配线整齐，线端应压接线号标识。

（6）机房内宜设置接地汇流环或汇集排，接地汇流环或汇集排应采用铜质线，其截面积应≥35平方毫米。

4. **其他要求**

监控中心其他要求应符合GB 50348—2004的规定。

（八）系统管网和配线设备要求

（1）系统管槽、线缆敷设和设备安装，应符合GB 50303中的相关规定。

（2）由安防中继箱/中继间至各住宅安防控制箱的管线，多层建筑宜采用暗管敷设，高层建筑宜采用竖向缆线明装在弱电井内、水平缆线暗管敷设相结合的方式。

（3）中继箱/中继间应便于维修操作并有防撬的实体防护装置。

（九）防雷与接地

（1）安装于建筑物外的技防设施应按GB 50057的要求设置避雷保护装置。

（2）安装于建筑物内的技防设施，其防雷应采用等电位连接与共用接地系统的原则，并应符合GB 50343的要求。

（3）安全技术防范系统的电源线、信号线经过不同防雷区的界面处，宜安装电涌保护器，电涌保护器接地端和防雷接地装置应做等电位连接，等电位连接应采用铜质线，其截面积应≥16平方毫米。

（4）监控中心的接地宜采用联合接地方式，其接地电阻应≤1欧姆；采用单独接地时，其室外接地极应远离本建筑的防雷和电气接地网，其接地电阻应≤4欧姆。

（十）实体防护装置

（1）小区设有周界实体防护设施的，应沿小区周界封闭设置。周界高度应≥2000毫米，上沿宜平直。其建筑结构设计应为入侵探测装置安装达到规定要求提供必要条件。

（2）实体墙应采用钢筋混凝土或砖石构筑；栅栏围墙应采用单根直径≥20毫米、壁厚≥2毫米的钢管（或单根直径≥16毫米的钢棒、单根横截面≥8毫米×20毫米的钢板）组合制作。竖杆间距应≤150毫米，栅栏1000毫米以下部位不应有横撑等可助攀爬的物饰。

（3）电控防盗门应符合GA/T 72及安全管理的相关规定。

（4）内置式防护栅栏应采用单根直径≥15毫米、壁厚≥2毫米的钢管（或单根直径≥12毫米的钢棒、单根横截面≥6毫米×16毫米的钢板）组合制作。单个栅栏空间最大面积应≤600毫米×100毫米。

第二章　入侵报警系统

入侵报警系统（intruder alarm system，IAS）是指利用传感器技术和电子信息技术探测并指示非法进入或试图非法进入设防区域的行为，处理报警信息，发出报警信息的电子系统或网络。非入侵报警系统是指当非法侵入防范区时，引起报警的装置，它是用来出现危险情况时发出信号的。入侵报警系统就是用探测器对建筑内外重要地点和区域进行布防。它可以及时探测非法入侵，并且在探测到有非法入侵时，及时向有关人员示警。譬如门磁开关、玻璃破碎报警器等可有效探测外来的入侵，红外探测器可感知人员在楼内的活动等。一旦发生入侵行为，能及时记录入侵的时间、地点，同时通过报警设备发出报警信号。

一、入侵报警系统的基本组成

入侵报警系统负责为建筑物内外各个点、线、面和区域提供巡查报警服务，它通常由前端设备（包括探测器和紧急报警装置）、总线传输设备、控制系统（报警控制主机）和输出设备（显示/记录设备）构成，如下图所示。

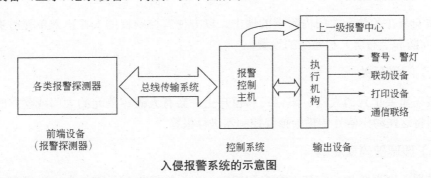

入侵报警系统的示意图

前端探测部分由各种探测器组成，是入侵报警系统的"触觉"部分，相当于人的眼睛、鼻子、耳朵、皮肤等，感知现场的温度、湿度、气味、能量等各种物理量的变化，并将其按照一定的规律转换成适于传输的电信号。

操作控制部分主要是报警控制器。

监控中心负责接收、处理各子系统发来的报警信息、状态信息等，并将处理后的报警信息、监控指令分别发往报警接收中心和相关子系统。

二、入侵报警系统的主要设备

（一）集中报警控制器

通常设置在安全保卫值勤人员工作的地方，保安人员可以通过该设备对保安区域内各位置的报警控制器的工作情况进行集中监视。通常该设备与计算机相连，可随时监控各子系统的工作状态。

集中报警控制器

（二）报警控制器

通常安装在各单元大门内附近的墙上，以方便有控制权的人在出入单元时进行设防（包括全布防和半布防）和撤防的设置。

（三）门磁开关

安装在重要单元的大门、阳台门和窗户上。当有人破坏单元的大门或窗户时，门磁开关立即将这些动作信号传输给报警控制器进行报警。

（四）玻璃破碎探测器

主要用于周界防护，安装在窗户和玻璃门附近的墙上或天花板上。当窗户或阳台门的玻璃被打破时，玻璃破碎探测器探测到玻璃破碎的声音后立即将探测到的信号传输给报警控制器进行报警。

（五）红外探测器和红外/微波双鉴器

用于区域防护，当有人非法侵入后，红外探测器通过探测到人体的温度来确定有人非法侵入，红外/微波双鉴器探测到人体的温度和移动来确定有人非法侵入，并将探测到的信号传输给报警控制器进行报警。

三、组建模式

根据信号传输方式的不同，入侵报警系统组建模式分为以下几类。

（一）分线制

探测器、紧急报警装置通过多芯电缆与报警控制主机之间采用一对一专线相连。

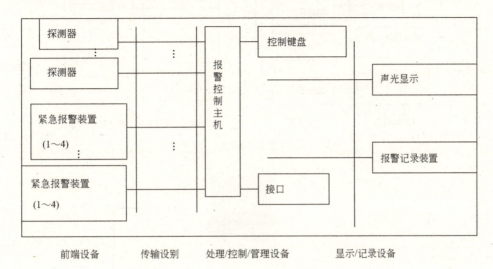

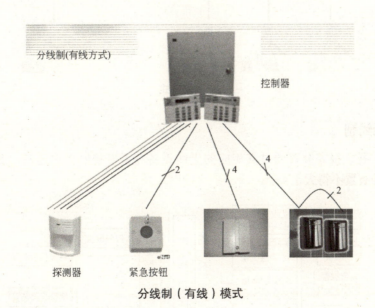

分线制（有线）模式

分线制特点如下。

（1）适于小规模（探测点少）、小范围系统。

（2）根据控制器物理接口的不同可区分探测器地址。

（3）不易受干扰。

（二）总线制

探测器、紧急报警装置通过其相应的编址模块与报警控制主机之间采用报警总线（专线）相连。

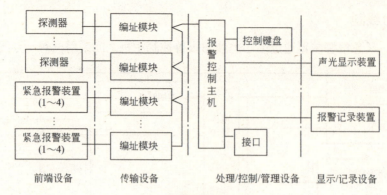

总线制模式

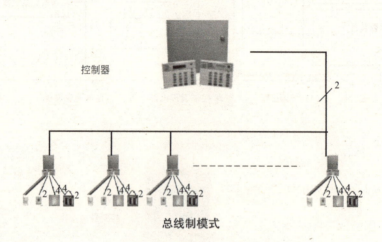

总线制模式

（三）无线制

探测器、紧急报警装置通过其相应的无线设备与报警控制主机通信，其中一个防区内的紧急报警装置不得大于4个。

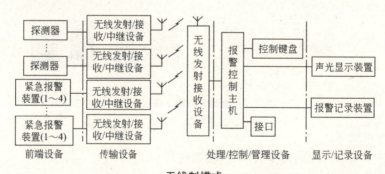

无线制模式

无线入侵报警系统又分两种方式。

1. 通信移动方式

在一些没有开通PSTN公众电话网的地方（船、旅行车、度假别墅群等），或PSTN公众电话网被取代的地方得到广泛应用。

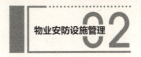

2.宽带互联网连接方式

内置宽带和以太网接口的全无线安防家居监控系统,一些系统已经支持用户通过浏览即可完全访问和控制安装在家中的安防家居系统。

(四)公共网络

探测器、紧急报警装置通过现场报警控制设备和/或网络传输接入设备与报警控制主机之间采用公共网络相连。公共网络可以是有线网络,也可以是有线-无线-有线网络。

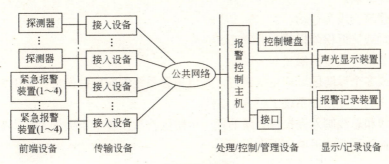

公共网络模式

四、入侵报警系统的基本结构

报警系统可分为两大类。

(1)独立和专门的报警系统,由报警探测器、报警控制主机和/或报警监控中心三级组成。

(2)从属于视频安防监控或门禁控制系统,报警探测器的输出信号被送往监控系统或门禁系统的报警输入框端口,并由它们完成对报警信号的接收、处理、复核、联动和上传。

报警系统基本结构如下图所示。

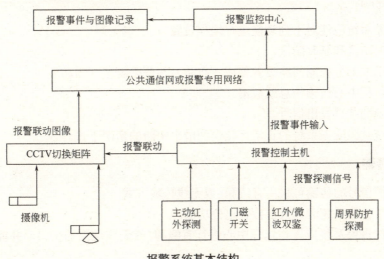

报警系统基本结构

五、系统基本功能

（一）探测

入侵报警系统应对下列可能的入侵行为进行准确、实时的探测并产生报警状态。
（1）打开门、窗、空调百叶窗等。
（2）用暴力通过门、窗、天花板、墙及其他建筑结构。
（3）破碎玻璃。
（4）在建筑物内部移动。
（5）接触或接近保险柜或重要物品。
（6）紧急报警装置的触发。
当一个或多个设防区域产生报警时，入侵报警系统的响应时间应符合下列要求。
（1）分线制入侵报警系统：不大于2秒。
（2）无线和总线制入侵报警系统的任一个防区首次报警：不大于3秒。
（3）其他防区后续报警：不大于2秒。

（二）指示

入侵报警系统应能对下列状态的事件来源和发生的时间给出指示。
（1）正常状态。
（2）学习状态。
（3）入侵行为产生的报警状态。
（4）防拆报警状态。
（5）故障状态。
（6）主电源断电、备用电源欠压。
（7）调协警戒（布防）/解除警戒（撤防）状态。
（8）传输信息失败。

（三）控制

入侵报警系统应能对下列功能进行编程设置。
（1）瞬时防区和延时防区。
（2）全部或部分探测回路设备警戒（布防）与解除警戒（撤防）。
（3）向远程中心传输信息或取消。
（4）向辅助装置发出信号。
（5）系统试验应在系统的正常运转受到最小中断的情况下进行。

（四）传输

（1）报警信号的传输可采用有线和/或无线传输方式。
（2）报警传输系统应具有自检、巡检功能。
（3）入侵报警系统应有与远程中心进行有线和/或无线通信的接口，并能对通信线路故障进行监控。

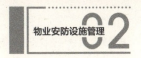

（4）报警信号传输系统的技术要求应符合IEC 60839-5《报警系统 第5部分：报警传输系统的要求》。

（5）报警传输系统串行数据接口的信息格式和协议，应符合IEC 60839-7《报警系统 第7-2部分：报警传输系统中串行数据接口用报文格式和协议 公共应用层协议》的要求。

第三章　出入口控制系统

出入口控制是安全技术防范的重要组成部分。

出入口控制系统俗称门禁控制系统。出入口控制系统通常是指采用现代电子与信息技术，在出入口对人或物这两类目标的进出进行放行、拒绝、记录和报警等操作的控制系统，如下图所示。

出入口控制系统对人或物的控制

现行国家标准 GB 50348—2004《安全防范工程技术规范》中的定义：利用自定义符识别或/和模式识别技术对出入口目标进行识别并控制出入口执行机构启闭的电子系统或网络。

电视监控系统和防盗报警系统，并不能主动阻挡非法入侵，其作用主要是在遭受非法入侵后，及时发现并由人工来处理，是被动报警。而出入口控制系统可以将没有被授权的人阻挡在区域外，主动保护区域安全。

一、出入口控制系统功能

出入口控制系统功能如下。
（1）对已授权的人员，持有有效卡片的人员，允许其进入。
（2）对于未授权的人员，拒绝其入内。
（3）对某段时间内，人员的出入状况、停留时间等资料实时统计、查询和打印输出。
（4）控制出入口的启闭。

刷卡开门

二、出入口控制方式

出入口控制的方式如下所示。

（1）需要监视的出入口，装门磁开关。

（2）需要监视同时又需要控制的出入口，装门磁开关和电动门锁。

（3）某些要害部门的出入口，既需要监视和控制，又要有限制出入权限的功能，装门磁开关、电动门锁和出入识别装置。

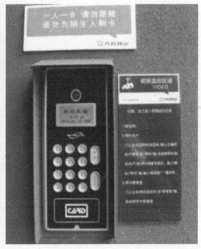

一人一卡

三、出入口控制系统的组成

出入口控制系统主要由识读部分、传输、管理/控制部分和执行部分以及相应的系统软件组成。

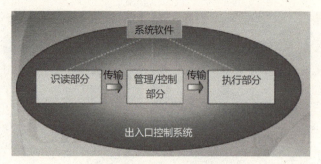

出入口控制系统的组成

（一）按其硬件构成模式划分

出入口控制系统按其硬件构成模式划分，可分为一体型和分体型。

1. 一体型

出入口控制系统的各个组成部分通过内部连接、组合或集成在一起，实现出入口控制的所有功能。

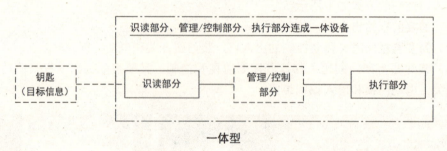

一体型

2. 分体型

出入口控制系统的各个组成部分，在结构上有分开的部分，也有通过不同方式组合的部分。分开部分与组合部分之间通过电子、机电等手段连成为一个系统，实现出入口控制的所有功能。

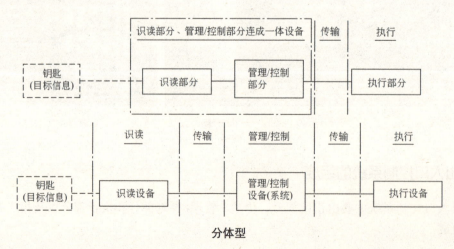

分体型

（二）按其管理/控制方式划分

出入口控制系统按其管理/控制方式划分，可分为独立控制型、联网控制型和数据载体传输控制型。

1. 独立控制型

出入口控制系统，其管理与控制部分的全部显示、编程、控制等功能均在一个设备（出入口控制器）内完成。

2. 联网控制型

出入口控制系统，其管理与控制部分的全部显示、编程、控制功能不在一个设备（出入口控制器）内完成。其中，显示、编程功能由另外的设备完成。设备之间的数据传输通过有线和/或无线数据通道及网络设备实现。

独立控制型

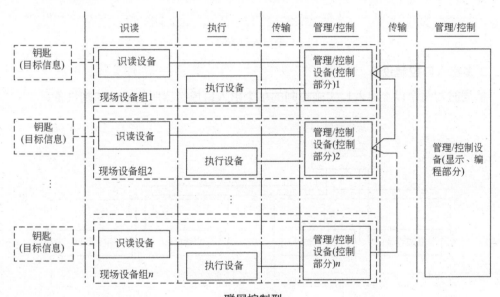

联网控制型

3. 数据载体传输控制型

出入口控制系统与联网型出入口控制系统的区别仅在于数据传输的方式不同，其管理与控制部分的全部显示、编程、控制等功能不是在一个设备（出入口控制器）内完成。其中，显示、编程工作由另外的设备完成。设备之间数据传输通过可移动的、可读写的数据载体的输入/导出操作完成。

数据载体传输控制型

（三）按出入口现场设备连接方式划分

按出入口现场设备连接方式可划分为单出入口控制设备（单门控制器）、多出入口控制设备（多门控制器）。

1.单出入口控制设备

仅能对单个出入口实施控制的单个出入口控制器所构成的控制设备。

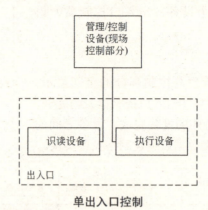

单出入口控制

2.多出入口控制设备

能同时对两个以上出入口实施控制的单个出入口控制器所构成的控制设备。

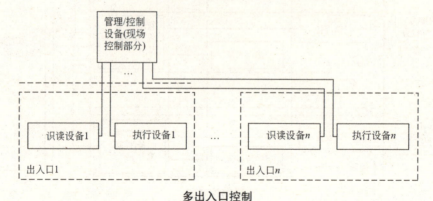

多出入口控制

（四）按联网模式划分

出口控制系统按联网模式划分可分为总线制、环线制、单级网、多级网。

1.总线制

出入口控制系统的现场控制设备通过联网数据总线与出入口管理中心的显示、编程设备相联，每条总线在出入口管理中心只有一个网络接口。

2.环线制

出入口控制系统的现场控制设备通过联网数据总线与出入口管理中心的显示、编程设备相联，每条总线在出入口管理中心有两个网络接口，当总线有一处发生断线故障时，系统仍能正常工作，并可探测到故障的地点。

3. 单级网

出入口控制系统的现场控制设备与出入口管理中心的显示、编程设备的连接采用单一联网结构。

4. 多级网

出入口控制系统的现场控制设备与出入口管理中心的显示、编程设备的连接采用两级以上串联的联网结构，且相邻两级网络采用不同的网络协议。

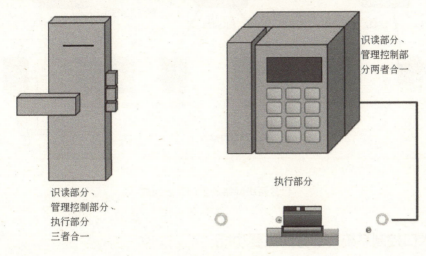

一体化产品分体产品

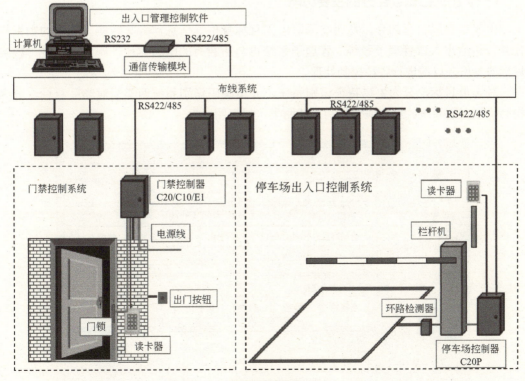

分体网络型产品

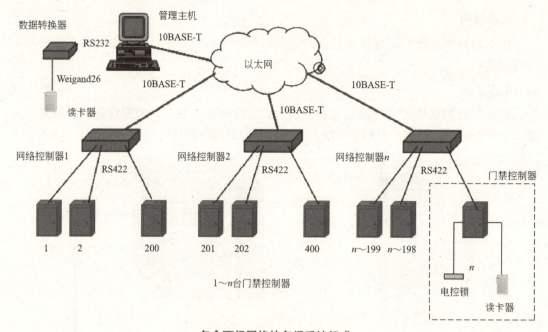

包含两级网络的多门系统组成

四、出入口控制系统各部分的主要功能

(一) 出入口识读部分的主要功能

出入口目标识读部分，是通过提取出入目标身份等信息，将其转换为一定的数据格式并传递给出入口管理子系统；管理子系统再与所载有的资料对比，确认同一性，核实目标的身份，以便进行各种控制处理。

对人员目标，分为生物特征识别系统、人员编码识别系统两类；对物品目标，分为物品特征识别系统、物品编码识别系统两类，如下图所示。

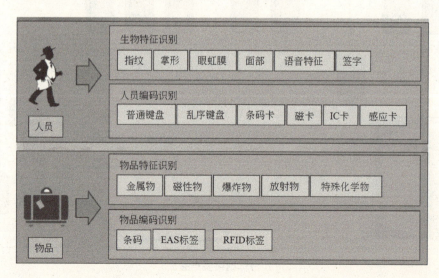

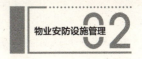

（二）出入口管理/控制部分的主要功能

出入口管理子系统是出入口控制系统的管理与控制中心，其具体功能如下。

（1）出入口控制系统人机界面。

（2）负责接收从出入口识别装置发来的目标身份等信息。

（3）指挥、驱动出入口控制执行机构的动作。

（4）出入目标的授权管理（对目标的出入行为能力进行设定），如出入目标的访问级别、出入目标某时可出入某个出入口、出入目标可出入的次数等。

（5）出入目标的出入行为鉴别及核准。把从识别子系统传来的信息与预先存储、设定的信息进行比较、判断，对符合出入授权的出入行为予以放行。

（6）出入事件、操作事件、报警事件等的记录、存储及报表的生成。事件通常采用4W的格式，既when（什么时间）、who（谁）、where（什么地方）、what（干什么）。

（7）系统操作员的授权管理。设定操作员级别管理，使不同级别的操作员对系统有不同的操作能力，还有操作员登录核准管理等。

（8）出入口控制方式的设定及系统维护。单/多识别方式选择，输出控制信号设定等。

（9）出入口的非法侵入、系统故障的报警处理。

（10）扩展的管理功能及与其他控制及管理系统的连接，如考勤、巡更等功能，与入侵报警、视频监控、消防等系统的联动。

（三）出入口控制执行部分的主要功能

出入口控制执行机构接收从出入口管理子系统发来的控制命令，在出入口做出相应的动作，实现出入口控制系统的拒绝与放行操作，分为闭锁设备、阻挡设备及出入准许指示装置设备三种表现形式。例如，电控锁、挡车器、报警指示装置等被控设备，以及电动门等控制对象。

五、出入口控制系统的分类

常见的门禁系统有密码门禁系统、刷卡门禁系统、生物识别门禁系统。

（一）密码门禁系统

通过输入密码，系统判断密码正确就驱动电锁，打开门放行。

优点：只需记住密码，无须携带其他介质，成本最低。

缺点：速度慢，输入密码一般需要几秒钟，如果进出的人员过多，需要排队。如果输入错误，还需重新输入，耗时更长。安全性差，旁边的人容易通过手势记住别人的密码，密码容易忘记或者泄露。

趋势：密码门禁使用的场合越来越少了，只在对安全性要求低、成本低、使用不频繁的场合还在使用。

普通密码键盘　　　　　　　乱序密码键盘

（二）刷卡门禁系统

根据卡的种类又分为接触卡门禁系统和非接触卡门禁系统。接触卡门禁系统由于接触的卡片容易磨损、使用次数不多、卡片容易损坏等，使用的范围已经越来越少了，只在和银行卡有关的场合被使用。非接触IC卡，由于其耐用性好、性价比高、读取速度快、安全性高等优势，是当前门禁系统的主流。所以，当前很多人就把非接触IC卡门禁系统简称为门禁系统。

IC卡及其背面说明

（三）生物识别门禁系统

根据人体生物特征的不同而识别身份的门禁系统。常见的有指纹门禁系统（每个人的指纹纹路特征存在差异性）、掌形门禁系统（每个人的手掌的骨骼形状存在差异性）、虹膜门禁系统（每个人的视网膜通过光学扫描存在差异性）、人像识别门禁系统（每个人的五官特征和位置存在差异性）等。

生物识别门禁系统的优点：无须携带卡片等介质，重复的概率少，不容易被复制，安全性高。

缺点：成本高。由于生物识别需要比对很多参数特征，因此比对速度慢，不利于人员人数过多的场合。人体的生物特征会随着环境和时间的变化而变化，因此容易产生拒

识率（明明是这个人，但是他的生物特征变了，而认为不是本人）。所以，生物识别门禁系统虽然先进和安全，但是应用的范围有限，只在人数不多、安全性要求高、不担心成本高等少数领域进行应用，不是当前门禁系统的主流。

指纹识别

掌形识别

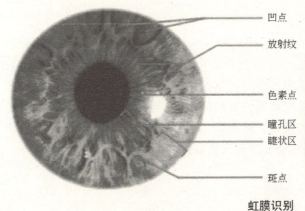

虹膜识别

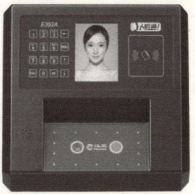

面部识别

第四章　楼宇对讲系统

楼宇对讲系统是一种用于高层住宅、公寓大厦内外进行户间信息传递、防盗门控制和在紧急情况下住户向楼宇值班室报警的设备。它以功能齐全、性能可靠、容量大、造型美观、安装使用方便而深受广大用户欢迎，并且也在安全生活小区中得到了广泛的应用。

一、楼宇对讲系统的作用

楼宇对讲系统把住宅楼的入口、住户和小区物业管理部门三方面的通信包含在同一个网络中，是防止住宅受非法入侵的重要防线，可有效保护住户的人身和财产安全，防止闲杂人员的进入，提高住宅小区的安全等级。

二、楼宇对讲系统的工作过程

楼宇对讲系统是由小区总控中心的小区管理中心机、楼宇出入口的单元门口主机、电控锁、闭门器及用户家中的室内分机通过专用网络组成，其示意图如下图所示。楼宇对讲系统用以实现访客与住户对讲，住户可遥控开启防盗门，各单元梯口访客再通过对讲主机呼叫住户，对方同意后方可进入楼内，从而限制了非法人员进入。同时，若住户在家发生抢劫或突发疾病，可通过该系统通知保安人员以得到及时的支援和处理。

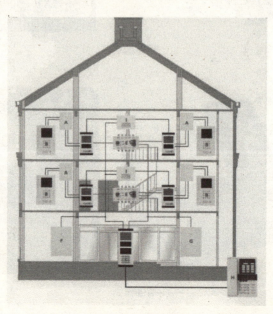

楼宇对讲系统示意图

在装有楼宇对讲系统的小区里，主人和客人的进出过程如下。

1. 主人进出过程

楼门平时总处于闭锁状态，避免非本楼人员未经允许进入楼内。本楼内的住户可以用钥匙或密码、IC卡开门自由出入。

2. 客人进出过程

当有客人来访时，需在楼门外的对讲主机键盘上按出被访住户的房间号，呼叫被访住户的对讲分机，接通后与被访住户的主人进行双向通话或可视通话。

通过对话或图像确认来访者的身份后，住户主人允许来访者进入，就用对讲分机上的开锁按键打开大楼入口门上的电控门锁，来访客人便可进入楼内。来访客人进入后，楼门自动闭锁。

3. 物业管理的过程

住宅小区的物业管理部门通过小区对讲管理主机，可以对小区内各住宅楼宇对讲系统的工作情况进行监视。如有住宅楼入口门被非法打开或对讲系统出现故障，小区对讲管理主机就会发出报警信号和显示出报警的内容及地点。

三、楼宇对讲系统的特点

楼宇对讲系统是一套工业控制系统设备。就目前的楼宇对讲产品而言，不同品牌、不同企业生产的产品互不兼容，布线也不一样，质量稳定性能也各不相同；就算同一个企业生产的产品，不同的系统也互不兼容，布线、质量稳定性能也有所差异。

四、楼宇对讲系统的组成

楼宇对讲系统主要由单元门口主机、室内分机、小区管理中心机、楼层平台、电源、电控锁、闭门器和联网器组成。

（一）单元门口主机

单元门口主机是安装在楼宇防盗门入口处的选通、对讲控制装置，如右图所示，一般安装在各单元住宅门口的防盗门上或附近的墙上。其基本功能是，用于实现来访者与住户之间的对讲通话，若是可视对讲系统，则可通过门口主机上的摄像机提供来访者的图像，若是联网型楼宇对讲系统中的主机，则可实现与住户家中的室内分机以及小区管理中心机之间的三方通话。

单元门口主机分类有以下几种分类方法。

（1）按是否可视可分为可视主机和非可视主机。

非可视主机：主机主要功能为呼叫住户、与

单元门口主机

住户通话、住户开锁。

可视主机：主机的主要功能组成为呼叫住户、与住户通话、住户开锁及住户可看到主机的视频信号。

（2）按操作方式可分为直接按键式和数字编码式两种。

直接按键式主机上有多个按键，分别对应于楼里的每个住户，适用于楼内住户不多的场合。

数字编码式主机的特点是键盘操作方式如同拨电话一样，适用于多住户的场合。

（3）根据实际使用户数不同分成单户型主机、多户型主机、大楼型主机。

单户型主机：主机使用在只有一个住户的系统中，一般情况下多用于别墅、仓库、厂房等地点，这种主机所对应的用户是唯一的。

多户型主机：主机使用在30户以内的住户的系统中，一般情况下用于多层住宅中。

大楼型主机：主机使用在30户以上的住户的系统中，一般情况下用于高层住宅中，这种主机一般最大容量在100户以上，大楼型主机基本上是数码式主机。

（二）室内分机

室内分机是安装在各住户家中的通话对讲及控制开锁的装置，如下图所示。

室内分机

按照分机功能可分成三类，如下图所示。

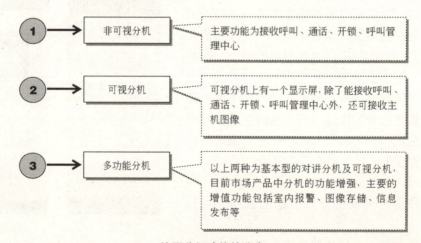

按照分机功能的分类

（三）小区管理中心机

小区管理中心机是安装在小区管理中心的通话对讲设备，可以控制各单元防盗门电控锁的开启，如下图所示。

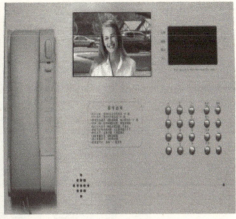

小区管理中心机

小区管理中心机的基本功能如下。
（1）接收小区内住户呼叫信号并进行通话。
（2）可以呼叫小区内任意住户并进行通话。
（3）接收各单元主机的呼叫信号并进行通话及开锁。
（4）监视/监听每个单元主机的情况。

（四）楼层平台（层间分配器）

楼层平台（层间分配器）具有隔离保护、视频中继放大、集中供电管理等功能，其中最重要的是隔离保护，只有具备隔离保护功能的楼层平台，才能确保入户线端短路或分机损坏时不影响其他用户及系统的正常运行。

楼层平台（层间分配器）

（五）电源

楼宇对讲系统采用220V交流电源供电，直流12V输出。

电源的功能主要是保持楼宇对讲系统不断电。正常情况下，UPS电源处于充电的状态，当停电的时候，其处于给系统供电的状态。为了保证在停电时系统能够正常使用，应加入充电电池作为备用电源。

（六）电控锁

电控锁的内部结构主要由电磁机构组成。用户只要按下室内分机上的开锁键就能使电磁线圈通电，从而使电磁机构带动连杆动作，就能控制大门的打开。

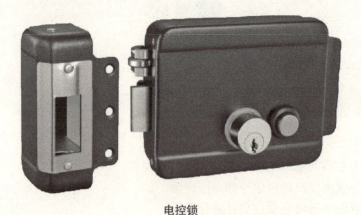

电控锁

（七）闭门器

闭门器是一种特殊的自动闭门连杆机构。它具有调节器的作用，可以调节加速度和作用力度，使用方便、灵活。

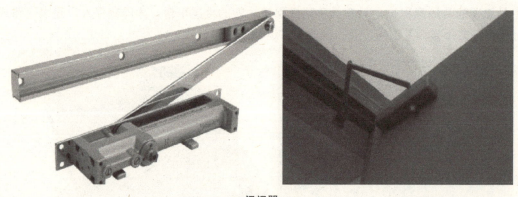

闭门器

（八）联网器

实现对讲系统的联网，用于各单元间信号的隔离。

联网器

五、楼宇对讲系统的分类

（一）按系统是否可视分类

按系统是否可视可分为可视型和非可视型。在同一幢大楼中可视系统与非可视系统可同时共用。

（二）按系统规模分类

按系统规模可分为单户型、单元型和小区联网型。

1.单户型

也称为别墅型系统，即只有一个住户使用的系统。一般情况下多为别墅、仓库、厂房等地点，这种主机所对应的用户是唯一的。

该系统组成非常简单，一般由门口主机、室内分机及电控锁等组成，如下图所示。

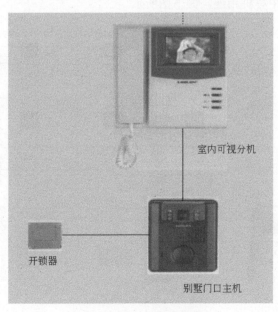

单户型楼宇对讲系统框图

2. 单元型

也称单元楼对讲系统，其特点是单元楼入口有门口主机，门口主机可以直接和本单元内的室内分机进行通信，是一种非联网型的楼宇对讲系统，如下图所示。

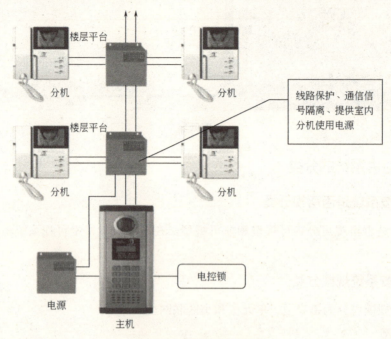

单元型楼宇对讲系统框图

3. 小区联网型

独立楼寓使用的系统（也称单元楼对讲系统），其特点是每个单元门口主机都通过联网器和本小区的管理中心机相连，如下图所示。

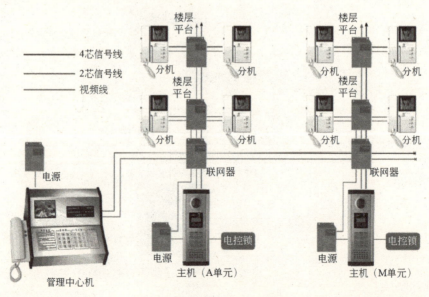

小区联网型楼宇对讲系统框图

第五章 视频监控系统

视频监控系统是一种计算机控制的图像矩阵交换系统,是安全技术防范体系中的一个重要组成部分,是一种先进的、防范能力极强的综合系统。利用系统控制台,操作人员可以选取各种摄像机,将其图像显示在所用的图像监视器上,同时进行录像。系统可以自动地管理外部报警信号,可以由选定的监视器依照程序进行显示。系统能够监视摄像机的图像信号电平,如果摄像机出现故障,系统会及时做出报警反应并记录下故障。系统外的其他智能建筑子系统的设备,例如防盗报警系统、门禁管理系统、消防系统,可以通过系统辅助通信接口进行联动控制。

在人们无法直接观察的场合,视频监控系统却能实时、形象、真实地反映被监视控制对象的画面,并已成为人们在现代化管理中监控的一种极为有效的观察工具。由于它具有少量工作人员在控制中心操作就可观察许多区域,甚至远距离区域的独特功能,被认为是保安工作的必须手段。

视频监控系统界面

一、电视监控系统分类

电视监控系统按信号的传输方式分为闭路(有线)电视监控系统和无线电视监控系统。

二、电视监控系统的组成

电视监控系统由前端部分（有时还有麦克风）、传输部分、终端部分三大块组成。在每一部分中，又含有更加具体的设备或部件。

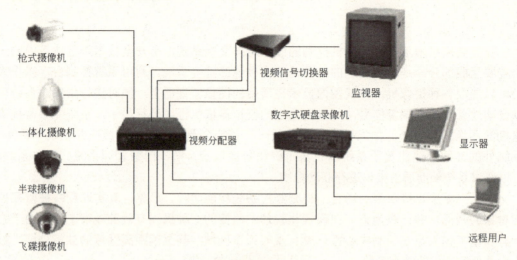

电视监控系统的组成

（一）前端部分

摄像部分是电视监控系统的前端部分，主要用来获取被监控区域的图像信息，是整个系统的"眼睛"。一般布置在被监视场所的某一位置上，把它监视的内容变为图像信号，传送到控制中心的监视器上。

前端部分主要由摄像机、镜头、云台、解码器和防护罩等组成。

布置在小区外围的摄像机

（二）传输部分

传输部分就是系统的图像信号通路。主要用来传输摄像机采集的图像信号和对摄像部分进行控制的控制信号。

传输部分主要由视频传输线、控制线、电源线、视频放大器、视频分配器等组成。

(三)终端部分

终端部分是实现整个系统功能的指挥中心，是整个系统的"大脑"。用于视频信号处理和显示、输出控制信号和信息记录等。

终端部分主要由系统主机、云镜控制器、视频切换器、监视器、录像机等组成。

三、系统主要设备

(一)摄像机

摄像机是获取监视现场图像的前端设备，它以面阵CCD图像传感器为核心部件，外加同步信号产生电路、视频信号处理电路及电源等。

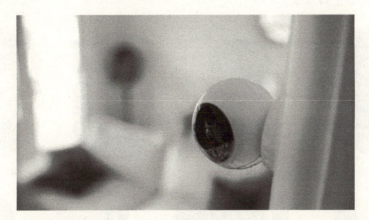

摄像机

摄像机的分类如下。
(1) 按图像色彩分类。彩色摄像机、黑白摄像机、彩色/黑白两用摄像机。
(2) 按结构组成分类。枪式摄像机、飞碟摄像机、半球式摄像机、针孔摄像机等。
(3) 按组合方式分类。分体式摄像机、红外一体式摄像机和快速球式摄像机。
(4) 按使用环境分类。室内摄像机和室外摄像机。

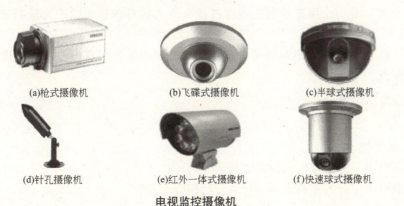

(a)枪式摄像机　　(b)飞碟式摄像机　　(c)半球式摄像机
(d)针孔摄像机　　(e)红外一体式摄像机　　(f)快速球式摄像机

电视监控摄像机

（二）镜头

1. 镜头的分类

（1）按焦距分类：短焦距、中焦距、长焦距和变焦距镜头。

（2）按视场的大小分类：广角、标准、远摄镜头。

（3）按结构分类：固定光圈定焦镜头、手动光圈定焦镜头、自动光圈定焦镜头、手动变焦镜头、自动光圈电动变焦镜头、电动三可变镜头（指光圈、焦距、聚焦这三者均可变）。

（4）按接口安装方式分类：C安装座接口镜头和CS安装座接口镜头。

（5）按镜头参数可调项目分类：固定镜头、一可变镜头、二可变镜头、三可变镜头。

（6）按摄像机镜头规格分类：可分为1英寸，2/3英寸，1/2英寸，1/3英寸，1/4英寸等规格（1英寸＝2.54厘米）。

(a)定焦镜头　　(b)变焦镜头　　(c)手动光圈定焦镜头　　(d)手动三可变镜头

(e)电动变焦镜头　　(f)电动光圈镜头　　(g)电动三可变镜头　　(h)视频驱动光圈镜头

2. 镜头的技术指标

（1）焦距。指透镜中心到CCD光靶的距离。

（2）光圈。是一个用来控制光线透过镜头进入机身内感光面的光量的装置，它通常在镜头内。

（3）景深。当镜头焦距对准某一点时，其前后的景物仍有一段清晰结像的范围，此段范围即景深。

3. 云台与防护罩

（1）云台

① 云台分类。

按安装环境：分为室内云台和室外云台。

按承载能力：分为重载云台、轻载云台和微型云台。

云台

② 云台的控制方式。
电动云台由微电动机驱动,多采用有线控制。
(2) 防护罩

防护罩

4. 解码器

解码器属于前端设备,它一般安装在配有云台及电动镜头的摄像机附近,通过多芯控制电缆与云台及电动镜头相连,并经通信线(通常为两芯护套线或两芯屏蔽线)与监控室内的系统主机相连。

5. 视频分配器

视频分配器是将一路视频输入信号均匀分配为多路视频信号输出,以供多台视频设备同时使用的视频传输设备。

解码器　　　　　　　　　　　　　　视频分配器

6. 视频放大器

视频放大器主要用于解决同轴电缆在远距离传输中信号质量问题,它采用视频放大器进行级连放大来提高传输距离,同时对信号进行高频量放大。

视频放大器

7. 系统主机

目前电视监控系统主机多采用数字式硬盘录像机，英文缩写为DVR。

系统主机

8. 云台镜头控制器

主要用来对前端的摄像机和云台进行控制。云台镜头控制器通常是经通信线与前端的解码器相连，解码器通过多芯电缆控制云台和镜头的相应动作。

云台镜头控制器

9. 视频信号切换器（矩阵）

视频信号切换器是组成控制中心中主控制台上的一个关键设备，是选择视频图像信号的设备。简单地说，将几路视频信号输入，通过对其控制，选择其中一路视频信号输出。

10. 画面分割器

画面分割器是最常用的设备之一，主要用于在一台监视器上同时显示一个或多个图像信号的设备。

11. 监视器

监视器是监控系统的标准输出设备，有了监视器我们才能观看前端送过来的图像。

监视器

（三）传输线路

电视监控系统的传输线路主要用来传输音频信号、视频信号和控制信号。目前视频传输多采用视频基带传输方式。如果摄像机距离控制中心较远，也可采用射频传输方式或光缆传输方式。

1. 视频电缆

（1）同轴电缆。同轴电缆（coaxial）被广泛应用于视频基带传输或射频的传输，传输阻抗一般为75Ω。

同轴电缆

（2）光缆。光纤电缆（optic cable）是信号长距离传输的最好选择，光纤传输是一种基于光电转换取代电子传输的技术手段。

2. 音频、通信及控制电缆

电视监控系统的音频、通信及控制所用的电缆，都是多芯电缆（RVV或RVVP音频及通信电缆为2芯电缆），控制电缆的芯线数根据控制对象的多少确定。

多芯电缆

第六章　电子巡更系统

电子巡更管理系统是安防中的必备系统，因为没有任何电子技防设备可以取代保安，所以保安最主要的安全防范工作就是巡更。电子巡更管理系统能够有效地对保安的巡更工作进行管理。

扫微信签到

一、电子巡更概述

电子巡更系统是指保安人员在规定的巡逻线路上，在指定的时间和地点向中央控制站发回信号以表示正常，可以很好地保障保安人员以及物业小区的安全。

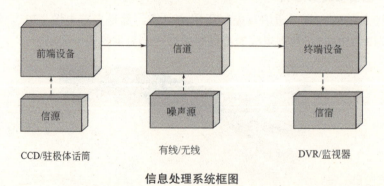

信息处理系统框图

电子巡更系统主要由感应式巡更器、巡更点、主控计算机、系统软件等构成。

电子巡更系统一般应用于银行、宾馆、部队、医院、超市、学校、智能化小区、工厂等人员安全集中地。它采用先进的高科技技术及规范化的管理，系统地安排保安人员

进行周边巡逻，确保整个地区环境、人员、财产的安全。

二、电子巡更的分类

根据数据采集方式的不同，电子巡更系统分为两类，即在线式与离线式。两者的区别为，在线式能实时记录与显示系统的信息，离线式不能及时记录与显示系统的信息。

（一）在线式巡更系统

1.有线在线式巡更系统

有线在线式巡更系统是在一定的范围内进行综合布线，把巡更巡检器设置在一定的巡更巡检点上，巡更巡检人员只需携带信息钮或信息卡，按布线的范围进行巡逻，管理者只需在中央监控室就可以看到巡更巡检人员所在巡逻路线及到达的巡更巡检点的时间。

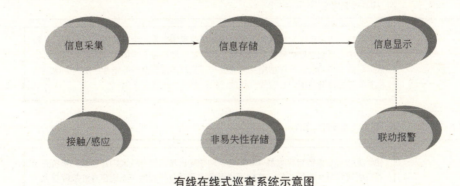

有线在线式巡查系统示意图

有线在线式电子巡更系统框图

（1）优点。能实时管理、即时报警。
（2）缺点。施工量大，成本高，室外安装传输线路易遭人为破坏，对于装修好的建筑再配置在线式巡更系统更显困难。也容易受温度、湿度、布线范围的影响，安装维护也比较麻烦。

2. 无线在线式巡更系统

新一代在线式巡查系统。远距离感应 2～10 米，通过无线采集信息。用 RFID 技术，有 LPS（本地定位系统）功能，兼上述两种系统优势，是小区优选方案。

（1）系统组成。信息钮、巡查发射器（即时无线输出，GSM 模块、BP 机式样）、巡查接收器（即时无线输入，RS232/USB 实时输出）、软件（模拟地图、实时记录、即时报警）。

（2）优点。作为在线式巡更系统，在功能上除了具备普通电缆直联在线式巡更系统的优势外，还具有以下五大功能。

功能一	实时报警功能

在巡更员巡更过程中发现意外情况时可以用巡更棒自带的报警按钮进行报警，有利于监控中心得到出警信号后及时出警。该功能尤其适合于规模大、巡更时间长的小区、厂区。该功能还可以根据实际需要与巡更员体温探测器等结合，使巡更途中发生意外时能得到监控中心的及时救援，保护巡更员的自身安全

功能二	脱机（计算机）工作

由于无线巡更系统自带大型 LED 电子地图输出端口以及较大内存容量，系统完全可以脱离计算机进行工作，这样可以避免由于计算机和操作系统自身的故障导致系统的死机，使系统工作更稳定，需要的外部环境更简单

功能三	大型 LED 电子地图输出功能

无线接收器还自带 32 端口继电器模块，可以根据需要配置 32 个巡更点以内的 LED 电子地图，接收器还可以根据需要扩展到 64 个巡更点的 LED 电子地图显示模块

功能四	造价低廉

无线巡更系统的巡更点的信息钮和离线式巡更系统完全兼容，主要改变的只是巡更棒，其系统的造价相对低廉

功能五	工程简便

不需要埋管、不需要布线，整个工程量就是把没有任何连线的巡更点（信息钮）固定在巡更位置上，整个过程只要确保固定点的牢靠即可，没有其他技术要求。工程还可以在小区（厂区）智能化系统全部完工之后进行，随到随装，简便易行

无线在线式巡更系统的优点

无线巡更系统因为是模块化设计，为今后产品线的延伸留下了比较简单的接口，将来可以根据小区、厂区不同的客观环境以及客户的不同需求，分别可以采用 GSMSMS（短

消息)、GPRS(分组无线业务)、2.4G等不同的无线传输接收方式。

(3)缺点。巡更员的工作情况不能及时反馈到中央控制室。如有对讲机,可避免这一缺点。

(二)离线式巡更系统

该系统无须布线,只要将巡更巡检点安装在巡逻位置,巡逻人员手持巡更巡检器到每一个巡更巡检点采集信息后,将信息通过传输器传输给计算机,就可以显示整个巡更巡检过程。

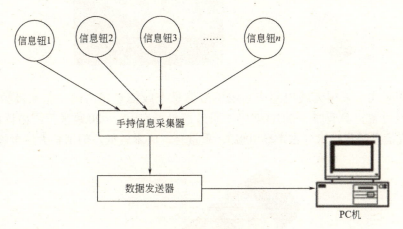

电子巡更系统结构框图

1.优点

安装简单,性能可靠,适用于任何场合。

2.缺点

巡更员的工作情况不能及时反馈到中央控制室,因为信息采集不在线上,而在棒上(离线含义)。

3.离线式分类

(1)接触式。第一代信息采集技术,早期应用较广。在巡更的线路上,安放若干个信息钮(纽扣式IC卡),巡更人员手持一个巡检器(采集棒),到了巡更点时将采集棒碰一下,纽扣式IC卡即采集到该点的巡更数据信息。

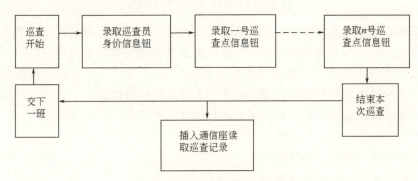

离线式电子巡更系统工作过程

走完一遍巡更线路后，即采集了路线上所有的巡更数据，回到控制室内将采集棒插入接收器上，计算机通过接收器将巡更数据存入并检查是否符合巡更要求，同时也能由管理人员通过计算机检查巡更情况。

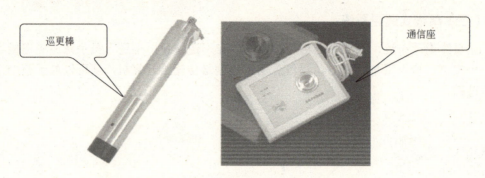

（2）感应式。采用无线电感应系统感应信息卡或信息钮内码，无须接触即可读取。在各巡更点设置，具有唯一的ID编码，通过巡更器在10～20厘米范围内读取ID编码。它是第二代信息采集技术（占市场70%），重量轻，成本较低，但消耗大量电能。

感应式巡更棒

互联网式电子巡更系统

互联网式电子巡更系统是目前现有电子巡更系统的升级，现有电子巡更系统是需要安装信息钮的，而无须接触电子巡更系统提出不需要安装，直接通过GPS网络，将人员位置信息等数据传输到服务器中，在WEB平台上可以清楚地知道巡查人员的位置以及巡查人员周围的环境等，这无疑是一个移动的"摄像头"。

全视电子巡更系统与传统的巡更系统相比有几大优点。

（1）操作全自动，数据实时。

（2）巡查点不限制，全过程记录。

（3）路线连贯，行为分析准确。

（4）调度有效，及时。

（5）移动的"摄像头"。

全视电子巡更系统的功能是基于即时图文信息结合GPS信息技术的先进解决方案，在GPS全球卫星定位系统和终端软件的辅助下，配合110报警求助联动服务系统，将整个巡查园区置于安全布控范围之内，极大地提高了安防水平和应急处置能力，并可与消防巡查相结合使用。

全视电子巡更系统实现了对安保人员的全过程高效管理，通过GPS巡查路径信息的数据统计，管理人员可以及时掌握安保人员的分布情况，合理优化巡防人员的调度管理，更好地发挥巡查作用，大大提高了110监控中心的远程处理突发事件的能力。该系统具有拍立传功能，可以便捷地完成报警，在第一时间实现安全图片取证，可以通过安装校巡通终端软件，用手机发送报警信息或拍照上传至巡查系统平台，为全员预防、预警提供了便利平台。

三、电子巡更系统的组成

电子巡更系统的组成如下图所示。

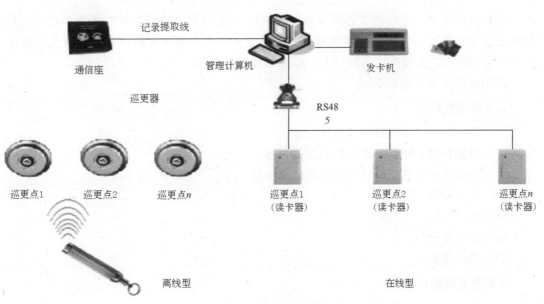

电子巡更系统的组成

（一）采集部分设备

网络版电子巡更系统中，前端设备是安装在现场的信息点，一般安装在保安人员必须巡更经过的地方，并每个保安人员配备一根巡更棒（器），当保安人员巡逻到相应的位置时，用手持的巡更棒读取该地方的信息点资料。

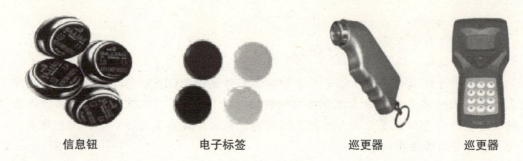

信息钮　　　　电子标签　　　　巡更器　　　　巡更器

（二）传输系统

传输系统的任务是把现场保安人员用巡更棒（器）采集到的信息，通过本地管理中心的通信座读出，并利用网络版客户端软件将读取的信息及时上传到总公司管理中心服务器，以达到信息共享的目的。

通信座用于接触式巡更系统中，通过RS-232与计算机连接，以实现巡更棒和计算机间的通信；它采用微计算机设计，可对巡查棒内的数据进行设置、读取和清除。

通信座

（三）控制系统

控制部分是整个系统的"心脏"和"大脑"，是实现整个系统功能的指挥中心，主要利用总公司控制中心的服务端管理软件，对各分工作组上传上来的保安人员巡逻数据进行汇总分析处理，从而生成各种报表，以供管理人员考核。

控制软件主要功能如下。

1. 系统功能模块

（1）系统设定：可以指定巡更计划等。

（2）数据传输：能有效地反馈前端信息等。

（3）数据整理转换：可进行巡更报表查询等。

（4）报表查询。

（5）报表打印。

（6）系统备份。

（7）系统维护。

2. 巡更系统软件功能

（1）为用户提供操作人员身份识别。

（2）可根据不同线路编制不同巡更计划并准确定位巡更员每到一处巡更点的时间。

（3）能方便查询记录。

（4）根据具体情况确定巡更过程的人数。

（5）确定巡检点的数量。

（6）具有多组加密数据密码以防止系统被非法操作。

第七章　停车场管理系统

　　停车场管理系统是一个用非接触式智能IC卡为车辆出入停车场提供凭证、以车辆图像对比管理为核心的多媒体综合车辆收费管理系统，用以对停车场车道入口及出口管理设备实现自动控制、对在停车场中的车辆按照预先设定的收费标准实行自动收费。该系统将先进的IC卡识别技术和高速的视频图像存储比较相结合，通过计算机的图像处理和自动识别，对车辆进出停车场的收费、保安等进行全方位管理。

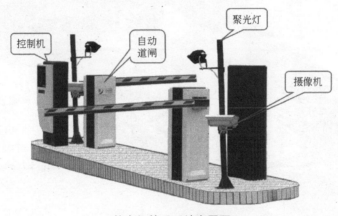

停车场管理系统布置图

一、停车场管理系统的功能

（一）数据处理功能

　　停车场系统具有功能强大的数据处理功能，可以对停车场管理中的各种控制参数进行设置、IC卡挂失和恢复，可以进行分类查询和打印统计报表，并能够对停车场数据进行管理。

（二）图像对比功能

　　停车场管理系统具有图像对比的功能，通过该功能可以将入场的车辆外形和车牌编号摄录下来并保存在服务器数据库中，当车辆出场读卡时，屏幕上自动出现车辆在出口处摄录图像和在入口处摄录的图像，操作人员可以将出场的车辆与服务器中记录的IC卡号和摄录的图像进行对比，在确定卡号、车型、车牌编号等与记录相符后，启动自动道闸，升起闸杆，放行车辆。

　　车辆入场时，司机将IC卡放在入口控制机的读卡区域前读卡，如果读卡有效，自动道闸的闸杆抬起，允许车辆进入，车辆通过入口处的自动道闸后，闸杆自动下落，封闭入口车道。

车辆出场时，司机在出口控制机的读卡区域读卡，出口控制机在自动判断卡的有效性后，出口处的自动道闸闸杆抬起放行车辆，车辆通过自动道闸后，闸杆自动落下，封闭出口车道，如果停车超期、超时或IC卡无效时，出口自动道闸仍处于禁行状态。

对于临时停车的车主，在车辆检测器检测到车辆后，按入口控制机上的取卡按键取出一张IC卡，并完成读卡、摄像和放行，出场时，在出口控制机上读卡并交纳停车费用，同时进行车辆的图像对比，无异常情况时由管理人员开闸放行。

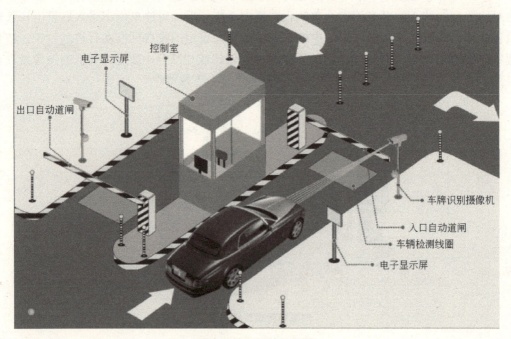

停车场管理系统架构图

二、停车场管理系统的特点

全新概念停车场智能管理系统应具有以下详细特点。
(1) 使用方便快捷。
(2) 系统灵敏可靠。
(3) 设备安全耐用。
(4) 能准确地区分自有车辆、外来车辆和特殊车辆。
(5) 即时收取停车费及其他相关费用，增加收入。
(6) 提前收取长期客户的停车费。
(7) 防止拒缴停车费事件发生。
(8) 防止收费人员徇私舞弊和乱收费。
(9) 自动化设计，车辆出入快速，提高档次和效率，提供优质、安全、自动的泊车服务。
(10) 节约管理人员的费用支出，提高工作效率和经济效益。

三、系统的构成及工作流程

（一）系统拓扑结构

智能停车场管理系统可以采用各种网络拓扑结构，服务器与管理工作站为局域网（LAN）连接，计算机对下位机以RS485总线型连接，简洁，投入使用快，系统稳定性好，投资回报率最高。其拓扑结构如下图所示。

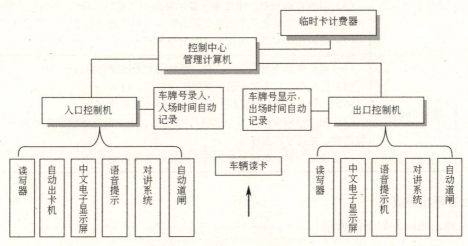

智能停车场管理系统拓扑结构

（二）车辆出入管理流程

1.车辆进场流程

车辆进场流程如下图所示。

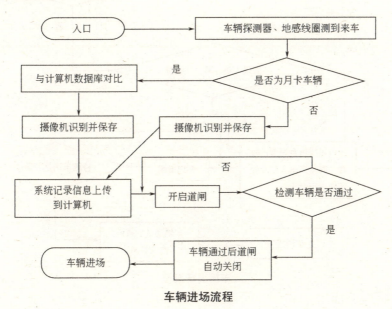

车辆进场流程

车辆进场说明如下表所示。

车辆进场程序说明

序号	车主	进场说明
1	月卡持有者、储值卡持有者	（1）将车辆驶至读卡机前，取出卡，在读卡机感应区域晃动，值班室计算机自动核对、记录，并显示车牌号 （2）感应过程完毕，发出"嘀"的一声，过程结束 （3）道闸自动升起，中文电子显示屏显示"欢迎入场"，同时发出提示音，如读卡有误，中文电子显示屏会显示原因，如"金额不足""此卡已作废"等 （4）司机开车入场，进场后道闸自动关闭
2	临时泊车者	（1）司机将车辆驶至读卡机前，值班人员通过键盘输入车牌号 （2）司机按动位于读卡机盘面的出卡按钮，取卡 （3）在读卡机感应区晃动卡，将车牌号读进卡片中 （4）感应过程完毕，发出"嘀"的一声，读卡机盘面的中文显示屏显示礼貌语言，并同步发出语音 （5）道闸开启，司机开车入场，进场后道闸自动关闭

2.车辆出场流程

车辆出场流程如下图所示。

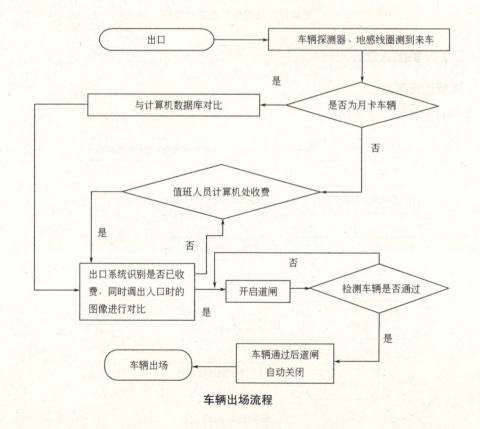

车辆出场流程

车辆出场说明如下表所示。

车辆出场程序说明

序号	车主	出场说明
1	月卡持有者、储值卡持有者	（1）司机将车辆驶至车场出场读卡机旁 （2）取出卡在读卡机盘面感应区晃动 （3）读卡机接收信息，计算机自动记录、扣费，并在显示屏上显示车牌号，供值班人员与实车牌号对照，以确保"一卡一车"制及车辆安全 （4）感应过程完毕，读卡机发出"嘀"的一声，过程完毕 （5）读卡机盘面上设的滚动式LED中文显示屏显示字幕"一路顺风"，如不能出场，会显示原因 （6）道闸自动升起，司机开车离场 （7）出场后道闸自动关闭
2	临时泊车者	（1）司机将车驶至车场出场收费处 （2）将卡交给值班员 （3）值班员将卡在收费器的感应区晃动，收费计算机根据收费程序自动计费 （4）计费结果自动显示在计算机显示屏及读卡机盘面的中文显示屏上，同时作语音提示 （5）司机付款 （6）值班人员按计算机确认键，计算机自动记录收款金额 （7）中文显示屏显示"一路顺风" （8）道闸开启，车辆出场 （9）出场后道闸自动关闭

（三）值班人员工作程序

值班人员工作程序如下图所示。

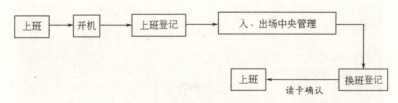

值班人员工作程序

值班人员工作程序说明如下。

（1）开机等几秒钟自动进入停车场计算机管理系统。

（2）显示屏上出现停车场管理项目菜单，操作人员移动光标进入"操作登记"栏，开始上班登记。

（3）操作人员在读卡器的感应区域晃动自己的操作卡，然后在键盘上输入自己的密码，登记完毕，按回车键进入"入场管理"或"出场管理"画面，按屏幕提示进行管理操作。

（4）操作人员下班时，须进行换班登记，按"DEL"键退出当前操作屏幕，移动光标至"换班登记"处，按回车键，在读卡机的感应区域晃动自己的操作卡，经系统认可完成交班过程。

（5）下班人员上岗需重复上岗操作过程，方能开始操作管理。

四、停车场管理系统的构成

（一）出入口停车场管理系统

1. 出入口停车场管理系统的特点

（1）以计算机信息技术为基础。

（2）采用先进的智能卡技术和图像识别技术。

（3）通过对停车场进出车辆的身份识别，保证车辆的安全管理。

（4）针对不同用户停车，准确计时计费，杜绝种种不良弊端。

（5）最终实现对停车场出入口的高度智能化、自动化和安全化管理。

2. 出入口停车场管理组成

出入口停车场管理组成部分包括部分。

（1）道闸。

（2）地感。

（3）车辆检测器。

（4）出入口控制机。

（5）车牌高清专用摄像机。

（6）补光灯。

（7）停车场车牌识别软件。

（8）岗亭设备。

出入口停车场管理组成部分

（1）道闸。

道闸主要由主机、闸杆、夹头、叉杆等组成，而主机则由机箱、机箱盖、电动机、减速器、带轮、齿轮、连杆、摇杆、主轴、平衡弹簧、光电开关、控制盒以及压力电波装置（配置选择）等组成。

道闸的控制方式也有两种，即手动和自动两种。手动闸是栏杆的上升和下降由手控按钮或遥控器来操作；自动闸是栏杆的上升由手控/遥控/控制机控制，下降由感应器检测后自动落杆。

道闸分类：直杆型、折叠杆型、栅栏型。

道闸

（2）地感（车辆检测器）。

当有车压在地感线圈上时，车身的铁物质使地感线圈磁场发生变化，地感模块就会输出一个TTL信号。进出口应各装两个地感模块，一般来讲，第一个地感模块的作用为车辆检测，第二个地感模块则具有防砸车功能，确保车辆在完全离开自动门闸前门闸不会关闭。

地感的功能：当车辆在地感线圈上时，所有关信号无效，即栏杆机不会落杆；当车辆通过地感线圈后，将发出一个关信号，栏杆机自动落杆；在栏杆正在下落过程中，当有车辆压到线圈栏杆将马上反向运转升杆并与手动、遥控或计算机配合可完成车队通过功能。

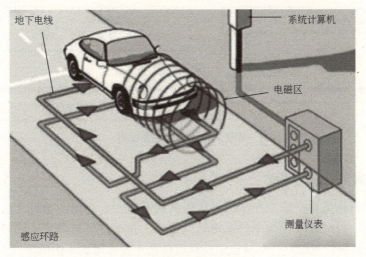

地感（车辆检测器）演示

（3）出入口控制机。

停车场控制机用于停车场出入口的控制，实现对进出车辆的信息显示、语音操作提示等基本功能，是整个停车场硬件设备的核心部分，也是系统承上启下的桥梁，上对收费控制计算机，下对各功能模块及设备。

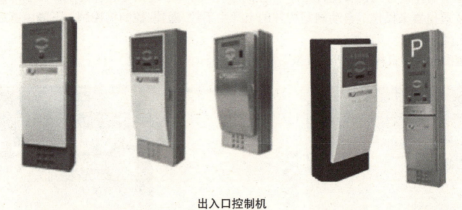

出入口控制机

（二）车辆图像对比系统

图像抓拍设备包括抓拍摄像机、图像捕捉卡及软件。摄像机将入口及出口的影像视频实时传送到管理计算机，入口系统检测到有正常的车辆进入时，软件系统抓拍图像，并与相应的进出场数据打包，供系统调用。出口系统不仅抓拍图像，而且会自动寻找并调出对应的入场图像，自动并排显示出来。抓拍到的图像可以长期保存在管理计算机的数据库内，方便将来查证。图像对比组件的主要作用如下图所示。

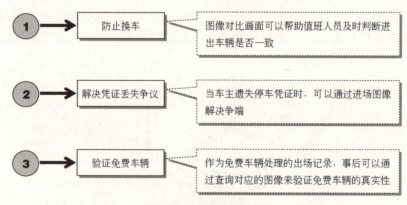

图像对比组件的主要作用

（三）车牌自动识别系统

车牌自动识别组件是建立在图像对比组件的基础上，利用图像对比组件抓拍到的车辆高清晰图像，自动提取图像中的车牌号码信息，自动进行车牌号码比较，并以文本的格式与进出场数据打包保存。车牌自动识别组件的主要作用如下图所示。

作用一　更有效地防止换车

> 车辆出场时，车牌识别组件自动比较该车的进出场车牌号码是否一致，若不一致，出口道闸不动作，并发出报警提示，以提醒值班人员注意

作用二　更有效地解决凭证丢失争议

> 当车主遗失停车凭证时，输入车牌号码后立即可以找到已丢失凭证的票号及进出场时间

作用三　实现真正的"一卡一车"

> 发行月卡时若与车牌号码绑定，只有该车牌号码的车才可以使用该月卡，其他车辆无法使用

车牌自动识别组件的主要作用

五、出入口停车场管理系统的管理模式

（一）一进一出管理模式

一进一出管理模式适用于以固定用户为主的社区停车场，如下图所示。

一进一出管理模式

（二）多进多出管理模式

多进多出管理模式适用于以临时用户为主的处于商业中心的停车场，如下图所示。

多进多出管理模式

（三）大套小管理模式

大套小管理模式适用于固定用户与临时用户分区使用的社会机构的停车场，如下图所示。

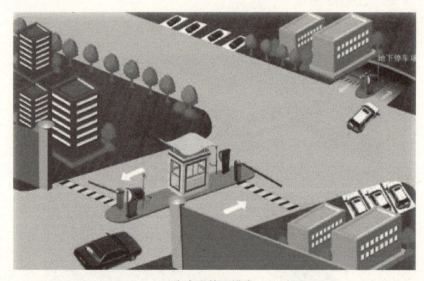

大套小管理模式

（四）中央收费管理模式

中央收费管理模式适用于固定用户与临时用户共用的公共场所的停车场，如下图所示。

中央收费管理模式

中央收费与出口收费的异同如下。
（1）进场流程相同。
（2）出场流程不同。

出口收费是将收费计算机和出口设备一起安装在出口通道上，临时车辆出场时开车直接到岗亭窗口，将停车费用交给值班员或使用电子支付。

中央收费是将收费计算机设置在停车场的临时车主到车场的必经之路上或停车场内中心地带，临时车主出场时首先携卡到收费处交给值班员读卡交费，交完费后值班将卡还给车主，车主拿卡后开车在规定的时间内系统自动读卡、收卡出场，若超过车场规定的免费取车时间，在出口控制机上读卡出场时，提示其需返回到收费中心交费后再出场。

第八章 安全防范系统维保管理

为确保智能化安保系统设备处于最佳运行状态，保证设备安全有效运行，必须结合设备的实际和管理要求，加强维护管理，以使整个维保工作系统化、规范化、档案化，使整个系统正常运行，以达到物业小区的实际使用要求，确保物业小区的人、财、物安全。

一、建立安全防范系统设备设施台账

设备设施台账是设备管理的基础资料。台账全面、完整地反映了物业的全部设备设施的原始情况和动态变化情况，是设备运行管理和系统保养工作结果的最完整记录。

鉴于台账的重要性，在记录台账时必须对设备的各参数做到详尽、准确。所以在物业前期介入管理的过程中，就尽可能详细地去熟悉各设备系统设计技术参数、技术性能参数以及安全经济运行的状态参数等，做好详细记录并建立完善的设备设施前期技术资料档案。若在接管后因设备设施资料欠缺的情况下，最好的办法就是将现场设备设施（包括附属设备）铭牌上的数据记录抄集下来。

二、签订维护保养和维修合同

物业公司要与安全防范系统的供应商签订维护保养和维修合同。安全技术防范系统维护保养和维修合同至少应包括以下内容。

（1）维护保养和维修期限。
（2）维护保养和维修内容。
（3）维护保养和维修要求。
（4）故障响应时间和维修处理时间限定。
（5）维修质量要求和维修所需配件供应方式的确定。
（6）维护保养和维修记录及验收的标准。
（7）维护保养和维修资金的支付方式及时间。
（8）当事人双方具体负责人的姓名、联系电话。
（9）提供完整的安防系统竣工资料，应包括如下资料：设计方案、工程合同或器材设备清单、系统原理图、平面布防图、电源配置表、线槽管道示意图、监控中心布局图、主要设备和器材的检测报告（认证证书）、使用说明书、系统操作手册、验收报告等。
（10）当事人双方的责任、权利和义务。
（11）争议及违约的处理方式。

【范本】安全保卫监控系统技术服务合同

甲　方（买方）：	乙　方（卖方）：
地　　址：	联系地址：
法定代表人：	法定代表人：
电　　话：	电　　话：
传　　真：	传　　真：
	户　　名：
	开户银行：
	银行账号：

甲乙双方依据中华人民共和国有关法律的相关规定，本着诚实信用、互惠互利原则，结合双方实际，协商一致，特签订本合同，以求共同恪守。

第一条　服务内容、方式和要求

乙方为甲方安防保卫系统和与系统相关联的（包括接入该系统的计算机终端设备等）所有硬件、软件提供保质期外的检修和维护保养服务。

第二条　服务内容

服务内容主要分为故障检修和维护保养两部分。

2.1　故障检修

2.1.1　故障响应：乙方在接到甲方电话或书面的检修通知后1个小时内，必须指定技术人员到达故障现场。

2.1.2　故障修复：前端设备6小时内修复，后端设备12小时内修复，重大事故（3个以上摄像点不能正常工作）24小时内修复（以上时间均包括响应时间在内）。修复后必须由甲方相关人员确认。

2.1.3　设备更换：在24小时内不能修复的设备，原则上应由乙方使用替代机进行恢复，对故障机器维修后再换回使用。乙方为了应急修复所用的小型设备应提前通知甲方，相关费用不再另行结算。若甲方需更换相关设备及其配件，事先要与乙方技术人员沟通确认，无异议后方可进行更换，乙方有义务对甲方的错误进行指正。若甲方未经乙方技术人员确认，执意更换而造成的设备故障及其损失，由甲方自行承担，与乙方无关，乙方无须承担任何责任。

2.2　维护保养

2.2.1　正常巡检：乙方每年3次上门巡检，自行排除小故障，并对设备做好巡检报告，对事故隐患进行备案。乙方每年度须向甲方交送巡检报告。

2.2.2　摄像机保养：乙方每年2次对摄像机表面进行清洁、除垢，对遮挡"视线"的树枝进行修剪（必要时由甲方出面协调）。保养时间为每年1月15日开始，如遇恶劣天气等不可施工因素影响保养，时间则相应顺延。

2.2.3　防雷设施保养：乙方必须在每年4月的第一个星期（雷雨季节到来前）对防雷设施进行检测保养。

2.2.4　系统保养：乙方每年至少上下半年各1次对系统进行全面的检测保养，检测保养时间为每年4月和9月的第一个星期，并给出相应的检测报告，需要进行维护更换的设备应提交甲方备案。

2.2.5 监控和报警服务系统：包括硬盘录像机及周边附件维护、视频线缆线路、无线报警设备、备用电源检测等。

2.2.6 其他保养：对立杆、设备箱等设施的损坏和自然锈迹在必要时进行修复及表面翻新。在"摄像机位置"有迁移必要时进行迁移，以及其他没有罗列相关设施的保养。

2.3 故障申告与服务质量投诉方式

乙方的故障申告电话为：××××××××（每天9：00~18：00，节假日除外）。

乙方的服务质量投诉电话为：×××××××（星期一到星期五，9：00~17：00）。

乙方将指派熟悉安防系统的项目技术经理×××（电话：××××××××）作为该维护的项目负责人，负责故障检修和日常维护保养工作的指派及联络。

第三条 服务期限

本协议有效期服务期为_____年___月___日~_____年___月___日。

第四条 服务费用与付款方式

4.1 服务费用为人民币_____元整，大写人民币_____元整。

4.2 1年服务期限分3个付款期，第一期付款先期支付，其他两期付款需等该期服务结束并考核合格后15日内支付。相应的付款日期如下：

项目	第一期（立即）	第二期（半年）	第三期（半年）
付款日期	年 月 日	年 月 日	年 月 日
考核期	年 月 日~ 年 月 日	年 月 日~ 年 月 日	年 月 日~ 年 月 日
付款金额			

4.3 在服务合同生效后，乙方提前提供该期的服务业发票和更换的设备销售发票给甲方，甲方收到发票后，在3个工作日内支付相应的服务费。

4.4 如甲方不能及时支付保养款，乙方有权暂停合同内服务；在年度、季度考核中，乙方出现维护保养不到位或漏点等情况，除按合同对乙方进行罚款外，年终结算按折扣付款，但折扣比例不超过合同总额的30%。

第五条 双方的责任与义务

5.1 乙方必须配备检修、保养工作所必需的交通工具、检测设备、仪器仪表，对系统所需的所有配件须常年备货。

5.2 乙方必须向甲方提交详细的工作计划与工作安排，对每次检修、保养工作认真做好记录，并交甲方相关人员签字确认。

5.3 乙方应切实加强现场管理，确保安全生产，在检修保养中发生人身设备及第三者事故，甲方不承担任何责任。

5.4 乙方不得对相关信息进行查询、下载或挪作他用，不得泄露甲方的工作秘密。

5.5 与广电、用电、市政、园林等部门工作上的协调原则上由乙方负责，在乙方无

法协调时，甲方有协助协调的义务。

5.6 甲方必须为乙方工作的顺利开展提供工作上的便利，指派专人负责，并完整地提供安防系统的图纸，乙方不得泄露其内容。

5.7 甲方必须按本合同约定在____年__月__日支付相应款项____元。

第六条 违约责任

6.1 乙方未能在本合同约定时间内做出故障响应或故障修复的，每次扣100元。

6.2 对每月需进行的8次维护保养工作，乙方每遗漏1次扣1000元，每遗漏1个保养点，每点扣100元。每月维护保养工作完成后一星期内甲乙双方以抽查方式对该项工作进行考核，抽查比例为10%。

6.3 乙方必须接受甲方的工作指导、监督与考核，连续性3次考核不合格的，甲方有权提前解除合同。

第七条 纠纷解决

7.1 发生与本协议有关的争议，双方应通过友好协商解决；若无法协商解决，则由合同履行所在地的仲裁委员会仲裁。

7.2 在争议处理过程中，除正在协商或仲裁的部分外，协议的其他部分继续履行。

第八条 其他事项

8.1 因不可抗力（如战争、地震、台风、洪水、雷击等其他不可抗因素）造成一方维护进程拖延或不能履行协议规定义务，另一方无权追究对方责任。

8.2 当事双方均承认并同意本协议为双方间关于维护事项的所有协议与约定的全部记载，甲乙双方之前所有的口头或书面建议均无效，应以本协议为准。

8.3 本协议未尽事宜，双方可以补充协议加以补充或增加条款，但补充增加部分不得与原谈判文件和相应文件相矛盾，更不得修改其实质性条款内容。补充协议或增加条款与本协议具有相同的法律效力。

第九条 本协议双方签字、盖章后生效，本协议一式四份，双方各执两份。

甲方： 乙方：
法人代表（委托代理人） 法人代表（委托代理人）
单位盖章： 单位盖章：

三、维护保养的基础工作

为了做好监控设备的维护工作，维护保养服务部应配备相应的人力、物力（工具、通信设备等），负责日常对监控系统的监测、维护、服务、管理，承担起设备的维护服务工作，以保障监控系统的长期、可靠、有效地运行。对监控系统进行正常的设备维护所需的基本维护条件是做到"四齐"，即备件齐、配件齐、工具齐、仪器齐，同时要确保有好的维保环境。

（一）备件

通常来说，每一个系统的维护都必须建立相应的备件库，主要储备一些比较重要而损坏后不易马上修复的设备，如摄像机、镜头、监视器等。这些设备一旦出现故障，就可能使系统不能正常运行，必须及时更换，因此必须具备一定数量的备件，而且备件库的库存量必须根据设备能否维修和设备的运行周期的特点不断进行更新。

（二）配件

配件主要是设备里各种分立元件和模块的额外配置，可以多备一些，主要用于设备的维修。常用的配件主要有电路所需要的各种集成电路芯片和各种电路分立元件。其他较大的设备必须配置一定的功能模块以备急用。这样，经过维修就能用小的投入产生良好的效益，节约大量更新设备的经费。

（三）工具和检测仪器工具

工具和检测仪器要做到勤修，必须配置常用的维修工具及检修仪器，如各种钳子、螺丝刀、测电笔、电烙铁、胶布、万用表、示波器等，需要时应随时添置，必要时还应自己制作如模拟负载等作为测试工具。

（四）做好防潮、防尘、防腐、防雷、防干扰的工作

在对监控系统设备进行维护的过程中，应对一些情况加以防范，尽可能使设备的运行正常，主要需做好防潮、防尘、防腐、防雷、防干扰的工作。

1.防潮、防尘、防腐

对于监控系统的各种采集设备来说，由于设备直接置于有灰尘的环境中，对设备的运行会产生直接的影响，需要重点做好防潮、防尘、防腐的维护工作。如摄像机长期悬挂于棚端，防护罩及防尘玻璃上会很快蒙上一层灰尘、炭灰等的混合物，又脏又黑，还具有腐蚀性，严重影响收视效果，也给设备带来损害，因此必须做好摄像机的防尘、防腐的工作。在某些湿气较重的地方，则必须在维护过程中就安装位置、设备的防护进行调整，以提高设备本身的防潮能力，同时对高湿度地带要经常采取除湿措施来解决防潮问题。

2.防雷、防干扰

从事过机电系统维护工作的人都知道，雷雨天气一来，设备遭雷击是常事，会给监控设备正常的运行造成很大的安全隐患，因此，监控设备在维护过程中必须对防雷问题高度重视。防雷的措施主要是要做好设备接地的防雷地网，应按等电位体方案做好独立的地阻小于1欧姆的综合接地网，杜绝弱电系统的防雷接地与电力防雷接地网混在一起的做法，以防止电力接地网杂波对设备产生干扰。防干扰则主要做到布线时应坚持强弱电分开的原则，将电力线缆与通信线缆和视频线缆分开，严格按通信和电力行业的布线规范施工。

四、维护保养的内容与方法要求

（一）维护保养的内容

维护保养主要内容包括清洁、调整、润滑前端设备、辅助设备、传输设备（线缆）、

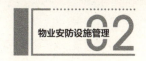

控制设备、记录和显示设备,检查系统工作状况和主要功能,进行相应维护保养,发现问题及时修复,消除安全隐患。

(二)维护保养的方法与要求

关于维护保养的方法与要求,物业公司可以制定相应的制度加以规范,如以下内容所示。

(1)维护保养方法:根据安全技术防范设备材质、脏污程度等,使用吸(吹)尘、刷擦、润滑、所处位置确认与调整等方法,必要时使用清洁剂(但不能腐蚀设备)。

(2)全系统的维护保养每月进行1次,并写出报告。

(3)安防设备设施维修项目经管理处报修,由技术人员现场勘察,做出相应的维修预算及维修方案,报批相关领导审批通过。

(4)安全防范系统提供商按要求填写相关设备《维护保养记录表》,发现问题后,能够维修的限3个工作日予以解决,需要更换设备的限7个工作日予以解决。

(5)每月1~6日对各小区安防系统进行月度检查。

五、安防系统维护保养技术要求

安防系统维护保养技术要求如下图所示。

要求一　入侵报警系统

确保入侵报警功能、防破坏及故障报警功能、记录和显示功能、报警响应时间、报警复核功能等工作正常,确保报警声级符合要求,确保报警系统预留接口正常

要求二　门禁系统

确保被授权卡用户能够正常通过刷卡区域,刷卡信息留存备案

要求三　视频安防监控系统

确保前端设备、系统控制功能、监视功能、显示功能、记录回放功能、报警联动功能、图像复核功能等工作正常,确保视频安防监控系统预留接口工作正常,确保系统时标与北京标准时间误差不超过60秒

要求四　楼宇对讲系统

确保出入口对象识别装置功能、控制及信息处理功能、报警功能、楼宇对讲电控防盗门系统功能等工作正常

要求五　电子巡查系统

确保巡查设置功能、记录打印功能、管理功能等工作正常

```
要求六 → 停车场管理系统
         → 确保识别功能、控制功能、报警功能、计费功能等工作正常

要求七 → 电源设备、防雷接地以及线缆设备
         → 确保漏电保护功能、UPS后备供电功能、防雷接地功能等工作正常，确保传输功能工作正常

要求八 → 监控中心
         → 确保各子系统和系统之间配套联动的工作正常，防护牢固，工作环境清洁

要求九 → 多媒体广播系统
         → 确保电梯入口处的多媒体计算机运行正常，并能够发布相关信息
```

安防系统维护保养技术要求

六、维护保养内容要求及相关记录表

（一）入侵报警系统维护保养记录表

入侵报警系统维护保养记录表

序号	项目内容及要求
1	确认紧急按钮、脚挑开关等安装牢固、清洁且不能自动复位
2	原系统配置的声音复核装置应工作正常
3	入侵和周界探测器功能有效，工作正常，探测范围符合工作要求
4	确认引起误报的障碍物
5	声、光报警器工作正常，声强符合规范要求，确认没有开关控制
6	报警控制主机和全部探测器应具有警情报警、故障报警、防破坏、防拆等功能，确认工作正常，报警事件记录确认
7	开关操作控制箱应清洁、牢固
8	报警控制主机应齐全有效
9	报警控制主机防区应齐全有效
10	报警控制主机联动应齐全有效
检查保养及处理情况	

检查保养部门：　　　　　　　检查保养时间：　　　　　　　检查保养人：

（二）门禁系统维护保养记录表

门禁系统维护保养记录表

序号	项目内容及要求
1	刷卡器功能有效，时间符合设计要求
2	门禁系统软件能够满足功能要求
3	闭门器能够自动关闭刷卡门
4	刷卡器、磁力锁固定牢固
5	监控中心能够接收、控制门禁终端设备
检查保养及处理情况	

检查保养部门：　　　　　检查保养时间：　　　　　检查保养人：

（三）停车场管理系统维护保养记录表

停车场管理系统维护保养记录表

序号	项目内容及要求
1	收费显示屏没有色痕，应清洁
2	自动道闸起落应平稳、无振动
3	地感线圈防砸装置应符合要求
4	数字式车辆检测器应齐全有效
5	ＩＤ卡读写系统应齐全有效
6	管理主机应齐全有效
7	数据通信应齐全有效
检查保养及处理情况	

检查保养部门：　　　　　检查保养时间：　　　　　检查保养人：

(四)视频安防监控系统维护保养记录表

视频安防监控系统维护保养记录表

序号	项目内容及要求
1	彩色摄像机应清洁,确认监控方位和原设计相一致
2	室内外防护罩应清洁、牢固,进线口密封确认
3	监视器应清洁,散热应正常,确认图像质量和原设计相一致
4	室外设备箱密闭性良好
5	视频顺序切换器功能应与原设计一致
6	视频分配器应齐全有效
7	云台上、下、左、右控制应齐全有效
8	镜头的调整、控制应齐全有效
9	图像分割器应齐全有效
10	光、电信号转换器应工作正常
11	电、光信号转换器应工作正常
12	云台、镜头解码器应清洁、牢固
13	硬盘录像机控制、预览、录像以及回放应符合设计要求
14	硬盘录像机图像质量应符合要求
15	硬盘录像机视频和报警联动应齐全有效
16	硬盘录像机感染计算机病毒时应杀毒、升级
17	硬盘录像机机器内应清洁、除尘,确认散热风扇工作正常
18	硬盘录像机时钟应定期校验,误差小于60秒
19	硬盘录像机网络应齐全有效
20	矩阵控制主机功能应齐全有效
21	矩阵报警联动图像应齐全有效
22	矩阵控制键盘功能应齐全有效
23	矩阵及其联网设备的检查、调试
24	图像传输、编解码设备的检查、调试
检查保养及处理情况	

检查保养部门: 　　　　　检查保养时间: 　　　　　检查保养人:

（五）楼宇对讲系统维护保养记录表

楼宇对讲系统维护保养记录表

序号	项目内容及要求
1	楼宇对讲系统主机功能有效
2	对讲电话分机应话音清楚、功能有效
3	可视对讲摄像机图像应清晰
4	可视对讲机功能应有效
5	电控锁功能应有效，工作正常
检查保养及处理情况	

检查保养部门：　　　　　检查保养时间：　　　　　检查保养人：

（六）电子巡查系统维护保养记录表

电子巡查系统维护保养记录表

序号	项目内容及要求
1	离线式电子巡查信息钮应牢固
2	巡查棒时间验证应正常，时间误差小于60秒
3	巡查软件应齐全有效
4	保安巡逻按钮应清洁、牢固
5	数据传输应齐全有效
检查保养及处理情况	

检查保养部门：　　　　　检查保养时间：　　　　　检查保养人：

（七）电源设备、防雷接地以及线缆设备维护保养记录表

电源设备、防雷接地以及线缆设备维护保养记录表

序号	项目内容及要求
1	确认UPS配套蓄电池按规定充放电
2	直流供电器应清洁
3	直流供电器电压应符合要求
4	交流供电器应清洁，交流电源与UPS转换功能确认
5	漏电保护器应齐全有效
6	电源箱内接线端子应紧固
7	计算机电源应清洁、定期更换
8	直流电源应清洁、定期更换
9	交流电源应清洁、定期更换
10	空开接线处应紧固
11	室外设备等电位接地确认，室内设备接地确认
12	线缆接头应牢固
13	线缆应无破损
14	传输光纤检查、调试
检查保养及处理情况	

检查保养部门：　　　　　　检查保养时间：　　　　　　检查保养人：

（八）监控中心设备维护保养记录表

监控中心设备维护保养记录表

序号	项目内容及要求
1	机柜和操作台内应除尘、清洁、整齐
2	监控中心内的温度宜为16～30摄氏度
3	监控中心应保证通信手段正常，应配置适合于电子设备的消防器材
4	确保各子系统功能有效
5	各安防系统有联动功能的应保证工作正常
6	确认网络设备工作正常，功能有效
7	检查服务器和存储系统，确保功能有效
检查保养及处理情况	

检查保养部门：　　　　　　检查保养时间：　　　　　　检查保养人：

（九）多媒体广播系统维护保养记录表

多媒体广播系统维护保养记录表

序号	项目内容及要求
1	计算机终端清洁、无尘土污物
2	计算机屏幕清晰，无色差
3	计算机风扇运行良好，无异常声响
4	多媒体终端计算机除尘及时、到位
5	广播系统软件能够控制终端实现广播功能
检查保养及处理情况	

检查保养部门：　　　　　检查保养时间：　　　　　检查保养人：

视频监控系统常见故障排除

视频监控系统常见故障排除方法如下。

1.检查摄像头

最简单的检查方法是用工程宝，接到摄像头的视频输出端观察。图像满足要求，则证明问题不在摄像头内。

另外，视频监控用摄像头一般与云台集成在一起，并具有变焦功能。检查其功能需进行PTZ（pan/tilt/zoom）测试，这需要专门的指令以支持相应的动作协议。显然，若在现场进行PTZ测试，需要便携式计算机。

2.通信线缆

现场的视频信号和PTZ控制信号是通过相应的电缆传到监控中心设备，或反方向传给现场摄像头的。如果在现场能确认摄像头无故障，下一步就要排查线缆的问题。最简单的办法是测量信号线的导通性，用普通万用表就可以完此任务，同时，用万用表还可检查摄像头的供电是否满足要求。

3.图像画面不正确

（1）确认电源是否正常。

（2）电源插头插座氧化，用刀片刮去氧化层。

（3）检查视频接口（针与孔）接触是否良好，可以拨动一下BNC头内的铜弹头，让间隙变小。

4.图像质量不好

（1）检查镜头上是否指纹太多或者太脏。

（2）光圈是否调好。

（3）先断电，然后再接上，防止干扰强烈。

5.解码器故障

（1）接通电源，看指示灯是否正常。

（2）检查接线端子的公共端（COM）有没有接错。

（3）测量云台输出电压是否正常。

6.云台无法控制

（1）检查电压是否正常。

（2）检查直接给云台供电是否正常。

7.UPS

用万用表检查UPS的电压是否正常。

8.监视器终端的检查

如果前2个环节均无异常，而监视器上仍无图像，则需检查问题是否在监视器本身。接入标准视频彩条信号，是检查监视器性能最快捷的方法。需注意的是，视频信号有NTSC制和PAL制之分，如果监视器没有自动识别功能，需手动设置，才能与系统或信号发生器信号相匹配。

相关链接

停车场管理系统常见的问题及处理方法

众所周知，停车场管理系统已经普遍地出现在我们的日常生活中，停车场管理系统为停车场管理节省了不少的人力和物力，同时也节省了人员的开支。停车场常见的问题及解决办法如下。

一、通信不同

1.485通信线路断路、短路或接错

处理方法：检查通信线路，检查接线，确认通信线路有无断路、短路或接错的情况。

2.控制板机号不正确

处理方法：检查机号设置是否正确，检查系统中其他控制板，查看是否有重复的机号，如有则按照说明书中的设置方法重新设置机号。

3.管理软件通信端口设置错误

处理方法：检查管理软件系统设置中的通信端口号是否与连接端口一致，若控制板所连接的端口是USB或PCI扩展，应在操作系统设备管理器中查看端口号，特别注意的是，USB扩展232端口稳定性比较差，经常插拔会造成端口号改变，在条件允许时，尽量选用PCI串口扩展卡。

二、通信不稳定（时断时续）

1.通信线路较长，且布线不规范，采用普通电源线或非双绞屏蔽线，中间接头未

可靠连接

处理方法：更换通信线，若现场条件限制，可增加120欧姆终端电阻，或增加485中继器。

2.RS-485通信转换器负载能力差

处理方法：更换RS-485通信转换器，若系统设备较多，可以增加一拖四的RS-485通信转换器。

三、数据库连接失败，不能登录软件

1.服务器名、数据库名、登录账户或登录密码错误

处理方法：检查服务器登录名、数据库名、登录账户、登录密码，输入正确的信息。

注：服务器名、数据库名、登录账户或登录密码均不能为汉字、全角字符或其他特殊字符。

2.SQL服务管理器未启动、SQL数据库未装好

处理方法：正确安装SQL数据库，启动SQL服务管理器。

3.计算机安全保护限制、SQLServer安全设置错误，操作系统的安全限制

处理方法：正确设置安全保护软件，如Windows防火墙等，重新设置SQL数据库安全属性。

4.网络连接存在故障

处理方法：检修网络。

四、无监控图像（监控窗口显示固定图片）

1.停车场软件设置不正确

处理方法：在停车场设置中，重新设置视频卡的相关选项。

2.视频捕捉卡驱动程序未安装或安装的版本错误

处理方法：在计算机的设备管理器中查看视频捕捉卡的驱动程序安装是否正确、有无安装，若无安装则把它安装好；若安装不正确，则把它删除，然后重新安装；如果计算机没有检测到视频捕捉卡，可拆下视频捕捉卡安装到另一个PCI插槽或装在另一个计算机上，如果计算机还是检测不到，则说明视频捕捉卡已损坏。

五、出入口不能进行图像对比或查询记录时图像调不出来

图像保存路径设置不正确。

处理方法：重新设置图像保存路径。

六、查看报表时提示"打印机错误"

没有安装默认打印机驱动程序。

处理方法：安装一个打印机驱动程序。

提示：只需要安装一个打印机驱动程序即可，不需要配置打印机。

七、打印报表时提示"报表宽度大于纸的宽度"

默认打印机的纸张设置和报表不匹配。

处理方法：重新设置打印机的纸张。

提示：可将打印机属性中的页设置为横向。

如果选择了很多字段，建议把数据导出 Excel 中，重新排版打印。

八、将数据导出 Excel 时提示 "导出失败"

办公软件 Office 安装不完整。

处理方法：安装 Microsoft Office 组件中的 Excel 和 Access。

九、无语音提示

语音音量被调到最小、喇叭损坏、线路故障、语音板损坏。处理方法如下。

语音音量被调到最小：可调节语音板上的电位器验证，或用软件设置语音音量，并测试。

喇叭损坏：可用万用表测喇叭两端电阻是否与标识的电阻一致，如果出现开路，则说明喇叭损坏。

线路故障：按控制机接线图查看语音部分线路是否出现故障。如果故障还不能排除，则需要更换语音板进行测试。

十、蓝牙发行器发行的卡片下载后无法读卡

1. 有标准的控制板

因原有在内存内的错误数据导致卡片加载失败。

解决方法：清空控制器。

韦根通信线接反，导致读入控制板的数据与发行不符。

解决方法：对调韦根通信线。

2. 有标准控制板且有集成控制板

因集成控制板返回值为有声校验，所需前提是保证从蓝牙读卡器至控制板直接的连线接好后，读卡后控制主板有嗡鸣叫声。一声为读卡有效，三声为读卡未发行（无效卡），此时再进行检查。

3. 蓝牙发行器发行卡片的序列号为反序

检测方法：用蓝牙发行器读出卡片号码。注意：用蓝牙发行器发行卡片时光标需选中 16 进制。用蓝牙读卡器连接的集成控制板主板读出卡片号码，将两个读出卡片号码进行对比。

处理方法：更换蓝牙发行器。

相关链接

巡更巡检系统常见故障排除方法

巡更巡检系统是安防巡逻检查的重要辅助器材，但是有的巡检人员在使用过程中常常遇到一些小问题而无所适从，最终弃用。掌握正确的巡更巡检系统使用方法，可以使安检工作事半功倍。以下简单介绍巡更系统常见故障排除方法

一、硬件常见问题汇总

1. 时钟错误问题或数据满问题

解决方法：读卡后巡检器响8声，且指示灯闪烁8次，正常通信不成功后，再使用软件中"巡检器管理"菜单下的"初始化巡检器"功能和"时钟校准"功能。

2. 电量不足问题

解决方法：指示灯持续闪烁表示电池电量低（可能已经超过1年），需要更换电池。换电池后，先正常通信，再使用软件的"巡检器管理"菜单下的"初始化巡检器"功能和"时钟校准"功能。

3. 巡检器跟软件无法通信的问题

解决方法如下。

（1）检查驱动问题，查看设备管理器里面有没有未安装的驱动，如果是驱动问题，只需要对未安装的驱动进行更新即可。

（2）检查巡检器摆放位置（针对第一次用不太熟悉的客户）。

（3）检查巡检器有没有电，有些巡检器需要在开机状态才能进行通信。

（4）检查通信座附近有没有强电干扰（离强电远点），另外纯平显示器对通信也会有影响。

（5）检查通信端口，若端口设置靠后，通信会受影响，需要将端口设置的靠前一点儿。

4. 巡检器上传数据后巡检时间错误的问题

解决方法：用行业版软件对巡检器进行校时（针对某些情况）。

5. 巡检器不能读点的问题

解决方法如下。

（1）巡检器存储已满，需要把数据全部上传后再进行读点。

（2）巡检点的位置安装附近有干扰（巡检点要离金属至少1厘米）。

（3）巡检器没电，需要对巡检器进行更换电池。

6. 巡检器屏幕出现乱码问题

解决方法：线路和巡检点在设置名称时可能会有数字和汉字混合，在此要注意在汉字和数字模式下输入所占的字节是不一样的，因此在设置线路名称时要注意区分拼写模式。

二、软件常见问题汇总

1. 软件打不开

解决方法：网络版的软件服务器端的认证中心没有打开。

2. 巡检点添加不进去

解决方法如下。

（1）在删除巡检点时不正确，在历史数据库中还存在，需要在卡管理设置中把那些无用卡删除掉。

（2）网络版的多客户端巡更软件不允许同一个点在不同客户端进行设置。

(3)设置巡检点名称不能重。

3. 核查结果出现漏巡

解决方法如下。

(1)巡检人员没有按照排班设置进行巡检,出现点漏读。

(2)在上传完数据后没有对数据进行处理。

(3)排班设置更改以后,之前的数据会出现漏巡。

相关链接

楼宇对讲系统的故障排查

一、楼宇对讲单元门口主机的故障排查

1. 主机不开锁

(1)除钥匙外的任何开锁方法都不能开锁:先检测开锁线两端是否接好,再用万用表在电锁端测试,在开锁时,是否有超过300毫安的瞬间电流经过开锁线(若有,说明主机及开锁线正常,可能为电锁损坏,请更换电锁测试;若没有,再将万用表在主机开锁端测试,如此时有,则为开锁线故障,如没有说明主机故障)。

(2)整个单元住户不能开锁,但可以密码或刷卡开锁:有可能是主干线短路或某一楼层平台损坏造成的,先检查各主线的接线端口,如接线正常,则从第一层的楼层平台开始依次向上检测楼层平台(检测楼层平台:先断开上层的主干线,测试当层,如正常,则本层楼层平台无故障;如不正常,应更换楼层平台再试,直到测试正常为止,依此类推)。

2. 主机听不见

任意室内分机与主机处于工作状态时,主机听不见:先看主机喇叭线是否接好;后看喇叭是否长锈损坏,若主机喇叭由于长时间工作生锈损坏,可找一个功率相近的喇叭更换测试。

3. 室内分机听不见主机说话

任意室内分机与主机处于工作状态时,通过主机说话时室内分机都听不见:先看主机话筒线是否接好,话筒是否因其他原因损坏,如有机会,找一个52分贝的话筒更换测试(一般的分机麦克风头可与主机通用)。

4. 主机无视频

任意可视室内分机与主机处于工作状态时,可视室内分机皆不能显示主机前图像:先检查主机摄像头至主机控制板的接线是否完好,再详看摄像头控制板是否有浸水的现象(有浸水现象,表明摄像头很可能已损坏)。此时,可拿监视器来测试,将监视器接到主机的视频线端,若正常,说明主干视频线故障;若不正常,说明主机故障。最后将摄像头的视频信号直接接入监视器,若正常,说明主机控制板故障;若不正常，说明摄像头故障。

5. 主机不能密码开锁

不能密码开锁，多为主机软件故障，请发回生产企业检修。

6. 主机不能刷卡开锁

不能刷卡开锁，先检查门禁控制器与主机的接线，再检查门禁控制器的天线是否完好，可采用更换门禁控制器的方法测试。

7. 主机其他故障

（1）偶尔不开锁、听不见、无图像、不能通话、不能密码开锁、不能刷卡开锁等，先检查电源，看供电是否正常，更换电源依然不能解决问题，估计为主机软件或硬件问题造成的间隔性死机导致的，请发回生产企业检修。此类软件故障多是断电后重开故障就消失了。

（2）呼叫某一房号，多台非同一住户家分机振铃：估计为串线或软件故障，先更换主机测试，若正常，说明主机软件故障，应发回生产企业检修；若不正常，说明线路或楼层平台故障，此时只能依照上面所说的"检测楼层平台"方法重新调试。

二、楼宇对讲室内分机的故障排查

任何分机问题，先看分机的线是否接好，电源指示灯是否亮，再断开一次分机的线，通电再试。

1. 分机不能开锁

首先考虑按键故障（安装3年以上多数为按键故障），分机与主机处于工作状态时，可将开锁按键触碰短路试试开锁，若正常，说明开锁按键正常；若不正常，估计为分机控制板或入户线故障。再用检修用的10芯护套线为测试线，直接将这台分机接入主机线端测试，若正常，估计是入户线或楼层平台故障，若不正常，即分机控制板故障。最后依然用这条10芯测试线接入楼层平台测试，若正常，说明入户线故障；若不正常，换个楼层平台端口再试，换后正常说明这个楼层平台的这个端口损坏。

2. 分机没有图像

（1）不亮屏而无图像：应检查分机电源，看供电电压是否符合说明书要求。

（2）亮屏，但图像扭曲严重、抖动、不清楚、偏黑、偏模糊：应检查分机电源，看电压与电流是否符合说明书要求。

（3）亮屏无图像：先检查分机的视频线，看是否接好线，是否有视频信号；若接线和信号均正常，再更换一台相同型号的分机测试。

（4）被呼叫有图像，按监视时无图像：一般为监视键故障，更换即可解决。

3. 分机听不见

检查话筒线是否插好或听筒喇叭是否损坏，重新插一次听筒线，如果无效，再更换听筒试试。若手柄听筒正常，则是分机控制板发生故障；分机讲话主机听不见时也一样，检查话筒。

4. 分机不报警

有防区联动报警功能的分机有警情时不向管理中心报警。

首先检测报警探测器供电是否正常，工作是否正常。供电是否正常，用万用表测试；工作是否正常，采用更换相同型号的报警探测器测试。再检测报警探测器至分机的线路是否顺通，是否接触良好（无线报警探测器的此步省），最后更换相同型号的分机测试。

5.分机其他故障

（1）一般分机死机故障，断电重接一次即可解决；若分机死机故障为软件或硬件深层故障造成的，应及时发回生产企业检修，以免带来长久麻烦。

（2）不开锁、听不见、无图像、不能通话等故障，出现次数较多，且具有一定的间隔性，估计为分机软件或硬件问题造成的故障，应及时发回生产企业检修。

三、楼层平台的故障排查

楼宇对讲系统的楼层保护器、楼层解码器或视频分配放大器等楼层中间设备统称楼层平台。

任何楼层平台问题，应先检查各线端的线是否接好，电源指示灯是否亮，再断开一次电源的线，通电再试。

楼层平台必须具备的功能：户户隔离保护、视频处理功能，具体说，就是必须具有音频、视频、数据信号及电源的智能分配与隔离保护。

1.楼层平台某输出端不能正常使用

将正常端口的接线接入不能正常使用的端口测试，若正常，说明此输出端正常，即为此端线路或其他设备故障；若不正常，说明此输出端确实故障，只能更换或维修楼层平台。一般单输出端或单组输出端口损坏，多为硬件故障造成，应及时发回供货商检修。

2.楼层平台全部输出端不能正常使用

此时，首先考虑输入端是否正常，采用技术测量法，可以万用表测试输入端是否有信号输入；也可在输入端接入一台分机测试分机的功能。有正常信号输入或测试分机正常，说明输入端有信号输入；无信号输入或测试分机不正常，则是输入端线或上一楼层平台输出端损坏；若输入端正常，但不能工作的，应及时发回供货商检修。

3.楼层平台其他故障

偶尔不能工作、工作时图像不稳定、通话不畅、开不了锁等情况，又排除了分机、入户线等可能性，单独测试楼层平台时也是如此，可考虑楼层平台硬件或软件故障，应及时发回供货商检修。

四、楼宇对讲系统电源的故障排查

系统电源的关键：稳定、足电压、足功率、满足系统需要。

1.系统电源输出端无电压输出

先检查熔丝；再用万用表测量系统电源是否有220伏电压输入，先测量有无220伏市电输入，再测量有无电压输出，若无电压输出，应及时发回生产企业检修。

使用三年以上的电源，建议维修不如换新。

2.电源输出电流变小、输出电压变低

此类情况多为电源元器件老化，应更换新电源。